모빙

ICH MOBBE GERN!
Die 10 ultimativen Strategien für mehr Lebensglück
by Alexander Vier

copyright © Eichborn AG, Frankfurt, 2003
All rights reserved.

Korean Edition Copyright © 2004 by Charm Soul Publishing House
Korean Edition Rights arranged with Eichborn AG, Frankfurt
through Eurobok Agency, Seoul, Korea.

기싸움, 힘겨루기,
세불리기, 승진을 위한 유쾌한 전략

모빙

알렉산더 피어 지음 | 이미옥 옮김

|참솔|

CONTENTS

시작하면서

우리 모두는 왕따를 당하거나 행하고 있다. 당신은 물론 당신의 상사, 동료, 학교친구, 함께 골프 치는 친구, 아내, 남편, 아이들에 이르기까지 모든 사람이 하고 있다. 한마디로 오늘날 누군가 왕따를 당하지 않는 날이라고는 단 하루도 없다.

타인을 견제하고 못살게 구는 일, 즉 모빙(Mobbing : 이제부터는 '왕따'가 아니라 '모빙'이란 표현을 쓰겠다. 모빙의 개념은 왕따보다 좀더 범위가 넓다고 할 수 있다. 즉 타인의 괴롭힘이나 공격에 대한 정당한 방어까지 포괄하는데, 이 책에서는 주로 통쾌하고 발랄한 방어전략 내지는 재공격을 의미한다)은 멋지고도 중요하며, 우리를 행복하고도 즐겁게 해준다. 각자 능력이 되는 만큼 타인을 은근히 괴롭힌다는 사실에 더이상 놀랄 사람도 없을 것이다. 모빙을 잘하는 사람은 분명 다른 사람보다 더 많은 것을 누리고자 한다. 바로 여기에 핵심이 있다! 사실 우리 모두는 똑같이 잘살고, 아름답고, 권력을 손에 쥔 채, 만족한 삶을 살 수 없기 때문이다.

아주 멋지게 모빙할 줄 아는 사람은 주변사람들에 비해 모빙하는 재주가 탁월하다. 경쟁이 멈추게 되면 비로소 모빙의 대가는 성공의 정상에서 행복감을 만끽한다. **그렇다면 모빙의 대가와 평범한 사람의 차이는 무엇일까? 이 책은 바로 이런 문제를 다루게 될 것이다.**

이 책을 쓴 우리는 특별히 젊지도, 그렇다고 유난히 활동적이지도 않다. 하지만 우리는 모두 성공한 부류에 속한다. 같은 장소에서 일하고 있는 우리는 동료이기도 하지만, 서로 모빙할 가능성이 다분한 파트너이기도 하다.

우리는 함께 일하면서 환상의 팀워크을 이뤄보기도 했다. 그러던 어느 날, 소위 말하는 '모빙 테스트'라는 렌즈를 통해 우리 사회 곳곳에게 일어나는 일들을 한번 설명해보자고 의기투합하게 되었다. 다양하고 혹독한 체험을 통하여 우리가 알아낸 결과, 오늘날 모빙이란 독서나 계산, 글쓰기처럼 아주 일상적이고, 우리의 삶에서 매우 중요한 문제라는 사실을 알게 되었다. 적절한 시기에 어떤 일을 능수능란하게 처리할 줄 아는 사람은 사는 것이 훨씬 수월하다. 때문에 우리는 오랜 시행 착오 끝에 터득한 중요한 모빙 기술을 이제 독자 여러분에게 아낌없이 소개할 생각이다.

이 책은 사회의 모든 분야에서 성공적인 결과를 가져올 수 있는 모빙 전략을 소개할 뿐만 아니라, 모빙하는 자와 당하는 자의 세계가 어떠한지 실제 상황으로 보여주게 될 것이다. 물론 약간 코믹한 풍자도 곁들일 예정이다. 그래서 하는 말인데, 이 자리에서 반드시 짚고 넘어가야 할 것이 있다. 이 책에 등장하는 인물이 생존해 있건 이미 죽었건 간에 순전히 우연의 산물에 불과하다는 점이다. 만일 이 책을 읽다가 어떤 인물이 바로 자신이라고 느끼는 사람이 있다면, 우리는 그분에게 진심으로 죄송할 따름이다.

우리의 이런 공동작업을 곱지 않은 시선으로 보는 사람이 있다면, 이 졸작이 순전히 우리가 함께 일하면서 지어낸 엉터리이라고 깎아내릴지 모른다. 그런 사소한 모함도 눈치채지 못한다면, 어찌 우리가 감히 모빙의 전문가라고 자처할 수 있을까! 다만 '당신이 소파에 편안하게 누워 주말을 보내는 동안, 우리는 이 책을 위해 몸과 마음을 바쳤'는 점을 잊지 말아 달라고 그들에게 부탁하고 싶다.

모빙의 정체를 낱낱이 폭로하는 이 책을 읽고, 누군가 우리에게 복수의 칼날을 들이댈지도 모른다는 두려움에, 우리는 이 책을 익명으로 출판하게 되었다. 그러니까 알렉산더 피어(Alexander Vier)라는 이름 뒤에는 모빙의 전문가 4명이 숨어 있다. 이 책에서 다루고 있는 주제가 어떤 것인지 잘 알기 때문에, 우리는 숨어서 이야기하고 싶은 것이다. 성공적으로 모빙하는 방법을 설명해 놓은 이 책을 읽고, 사람들이 오히려 우리 4명에게 모빙하려 들지 어떻게 알겠는가! 그러니 익명으로 출판하더라도 너그러이 양해해주기 바란다.

만일 이 책이 지금보다 더 일찍 세상에 나오게 되었다면, 이 책을 집필한 우리는 지금쯤 대기업의 회장, 수상, 대통령, 은행장, 혹은 그밖의 다른 높은 지위를 차지하고 있을지도 모르겠다. 물론 아직은 그런 자리에 있지 않다. 하지만 새롭게 도전할 목표가 없는 삶이란 얼마나 지루하겠는가?

당신이 이 책을 읽은 다음, 그런 도전을 시도한다 해도 결코 늦지 않을 것이다.

제1부

M O B

모빙이란 무엇인가

― 기싸움, 힘겨루기, 세불리기, 승진······ 전략

I N G

'모빙, 행복한 삶을 위한 자연스러운 전략!'
당신은 우리가 내세운 이 명제를 의심하는가? 그렇다면 지금 당장 자신의 삶을 돌아보기 바란다. 날이면 날마다 당신은 엄청난 스트레스 속에서 살고 있을 것이다. 직장에서, 친구들 사이에서, 집안에서, 심지어 슈퍼마켓에서조차도 말이다.

통계에 따르면, 날마다 모든 사람이 적어도 20번씩은 환멸을 느낀다고 한다. 만약 당신이 중요한 사람이 되고, 계획한 모든 것을 이루고 싶다면, 당신이 훌륭한 지적 능력을 갖추고 사회적으로 올바른 태도를 취한다고 해서 충분하지 않다. 모빙 기술을 자유자재로 구사할 수 있을 때라야 비로소 성공할 수 있다는 뜻이다.

모빙이란 편안한 삶을 위한 일종의 구구단이라고 할 수 있다. 사용해보면 효과만점임을 금세 알 수 있을 것이다.

우리의 일상생활을 한번 들여다보자. 이른 아침부터 잠자리에 들 때까지 사람들은 이득을 챙기려고 난리다. 가령 당신의 이웃은 당신 집에 배달된 신문을 슬쩍 집어가고, 빵집 주인은 어제 구운 빵을 오늘 구운 빵이라고 속여서 판다. 신호등에서는 초보 운전자가 헤매는 바람에 엉뚱하게 당신이 지각을 하고 만다. 상사는 당연히 이해하지 못한다. 게다가 책상 위에는 엄청난 일거리가 쌓여 있다. 야심만만한 신입사원이 끊임없이 새로운 서류를 기안해 올리기 때문이다. 점심시간이면 미지근한 커피를 마셔야 하고, 사장은 전화로 호통을 쳐댄다.

이렇게 힘들고 긴 하루를 보냈는데, 저녁에는 시장까지 보아야 한다. 당신의 배우자가 장을 볼 시간이 충분하지만, 이 일은 언제나 당신 차지이다. 그뿐인가, 배우자가 편안하게 텔레비전을 볼 동안, 당신은 서둘러 셔츠나 바지를 다려야 한다. 다음날 멋진 옷을 입고 모빙당하기 위해서…….

당신의 하루가 다음과 같으면 얼마나 좋을까? 그러니까, 굳이 당신이 신문을 살 필요도 없이 이웃이 신문을 빌려주고, 빵집 주인은 친절한 인사를 건네며 당신에게 갓 구운 빵을 건네준다. 초보 운전자가 방해하지 않아서, 당신은 여유 있게 사무실에 도착한다. 사장은 악수로 당신을 반기고, 아침 미팅시간에는 칭찬까지 해준다. 당신의 동료들에게 일이 주로 돌아가고, 말단사원이 동료들에게 우편물을 잔뜩 안겨주지만, 당신에게는 따뜻한 커피를 가져다준다. 퇴근해서 돌아오면, 당신은 편하게 앉아 쉬기만 하면 된다. 장을 볼 필요도 없고, 이미 다림질된 깨끗한 옷이 옷장에 가득하다.

대체로 이런 상상은 희망사항일 뿐이다. 우리 모두는 판에 박힌 듯 중상과 모략 속에서 살아간다. 오랫동안 함께 살거나 일한 곳에서는 항상 의견의 차이, 다툼, 불화가 있기 마련이다. 그러므로 우리는 스스로를 방어하지 않으면 안 된다.

이런 상황에 처할 때마다 당신은 아주 불리한 입장에 서게 된다. 왜냐하면 치사한 생각을 하는 이웃이나 경쟁자가 당신이 누리는 혜택, 성공, 행복 등을 부러워하고 이를 문제로 삼기 때문이다. **사실 알고 보면, 돈이 아니라 시기심이 진짜 세상을 지배하고 있다.** 그렇다고 불안해 하거나 기죽을 필요는 없다. 대신 정확하게 목표를 겨냥하여 공격하는 것이다. **다시 말해 점잖은 당신도 모빙을 하라는 얘기이다.**

모빙(Mobbing)이란 말은 일상에서 우리가 사용하는 일련의 말들, 즉 '집단에서 제외시키다' '이간질시키다' '낙담시키다' '자르다' '경쟁하다' '심리적 테러' '책략'과 같은 의미를 총집산한 낱말이다. 이 책을 쓴 우리는 모빙이라는 단어를 전략적인 한 과정으로 이해하고자 한다. 그러니까 사람들이 자신의 특권을 쟁취하기 위해 투쟁하고, 이를 지키려고 애쓰는 과정으로 본다. 따라서 모빙은 보기에 따라 약간 교활할 수도 있는 방법으로 삶의 질을 향상시키고, 자신에게 불이익이 돌아오지 않도록 노력하는 것이다.

모빙의 어원은 영어에서 찾아볼 수 있다. 영국인들은 선량한 일반시민이 무릎을 꿇을 때까지 괴롭히는 깡패나 불량배의 행위를 'to mob'라고 한다. 일반인뿐만 아니라 상류층에 속하는 영국인들도 모빙을 많이 당한다고 한다. 예를 들면 영국 왕실에서 튀는 며느리, 신분이 낮은 첩, 그리고 힘들게 견디어내는 왕위계승자에게 교묘하게 취하는 조치를 생각해보면 될 것이다.

1973년 노벨상을 수상한 동물행동학자 콘라드 로렌츠(Konrad Lorenz)의 주장에 따르면, **동물세계에서도 모빙은 적자생존의 법칙 중에서 가장 중요한 원칙이라고 한다.** 로렌츠는 한 무리의 동물들이 원치 않는 침입자를 맞이하여 무자비하게 쫓아내는 광경을 관찰하였다.

이제 모빙이 가진 다른 장점을 살펴보자. 모빙 전략을 배워두면, 우리는 스트레스와 이로 인해 얻을 수 있는 질병까지 미리 예방할 수 있다. 노동조건이나 삶의 조건 혹은 개인적인 특성 — 흡연, 음주, 마약, 광적인 다이어트, 질주하는 운전버릇 등 — 만 사람을 병들게 하는 것이 아니라, 스트레스를 유발시키는 사회적인 요인 또한 우리를 병들게 한다.

예를 들면 내가 원하는 것을 다른 사람이 성취하는 경우가 종종 있다. 솔직히 당신도 이런 감정을 느낄 때가 있을 것이다. **당신의 경쟁자가 별 노력도 없이 성공했는데, 당신은 이를 축하해주어야 할 때, 속이 뒤집어지는 느낌이 들었을 것이다.** 당신은 앞으로도 이런 일이 계속되기를 원하는가?

모빙을 전혀 하지 않거나 엉터리로 해서 일어나는 대부분의 질병은, 오래 지속될 뿐 아니라 다음과 같은 끔찍한 증상까지 가져온다.

- 전반적인 컨디션 저하 : 수면장애, 두통, 소름, 무미건조한 섹스, 생리통.
- 굴곡이 심한 감정상태 : 삶의 즐거움 상실, 금주에 집착하는 성향, 파티나 디스코텍에 대한 무관심. 이런 모습을 저명인사에게서 찾아보면, 영국의 찰스 황태자와 그의 어머니가 쉽게 떠오른다.
- 공포상태 : 영화, 성적인 상상, 텔레비전, 배달사원, 남자친구나 여자친구에 대하여 두려움을 갖는다. 사장 앞에 무방비 상태로 서 있는 악몽을 꾼다.
- 중독된 태도 : 심각할 정도로 술·커피를 마시거나 땅콩, 초콜릿, 콘돔 등을 비정상적으로 많이 소비한다.

🏃 장기간 지속되는 육체적·정신적 장애 : 위장병, 편두통, 실수하지 않을까 하는 두려움, TV 토크쇼를 반드시 시청해야 할 것 같은 느낌, 문화센터에 지속적으로 등록, 신경정신과 의사와 심리 관련서적에 의존, 결정을 잘 내리지 못하는 성향.

이렇듯 명백한 위험이 도사리고 있음에도 불구하고, 많은 사람들은 전략적으로 뛰어난 수단을 사용하여 더 많은 월급이나 연봉을 받으려고 노력하는 대신, 젊은 나이에 불리한 조건에서 퇴사를 해버린다.

우리는 자신을 올바르게 주장하지 않으면, 삶의 질이 심각하게 떨어진다는 사실을 알고 있다. **실패하는 사람은 자신의 건강만 해치지 않는다. 그는 자신을 병들게 하는 요인을 퇴근할 때 집으로 안고 가기 마련이다.** 그래서 남편이나 아내, 남자친구나 여자친구는 심적 부담을 안게 되고, 이들은 차곡차곡 쌓이는 일상의 찌꺼기를 안고서 서로 대면하게 된다. 이런 식으로 자신의 사생활까지 위태롭게 만들고 싶은가? 자신을 적절하게 방어하지 못하고, 올바르게 모빙할 수 없다는 이유로? 이것이야말로 고통이 아닐 수 없고, 이렇게 살아서는 절대로 안 된다.

흔히 도덕군자와 심리학자는 모빙을 우리 사회에 아직도 만연해 있는 원시적 성향이라고 비난한다. 그런데 왜 수많은 사람들이 이런 비난의 덫에 걸려드는 것일까? 이제 이런 식의 오해는 바로잡아야 할 시간이 되었다.

모빙이란 현대인이 구사해야 할 생존전략일 따름이다. 게다가 현대인은 유치하게 계략을 꾸미는 음모가, 거짓말쟁이, 질투의 화신, 사이비 성자 등이 아니다. 지극히 이성적이고 합리적인 이유로 자신의 개인적 이익을 추구하는 세련되고 좋은 사람들이다.

세련되게 모빙하는 현대인과 성격적으로 이상이 있는 사람의 차이가 무엇일까? 우선, 문제 있는 유형을 자세히 살펴보도록 하자.

음모가

뮈잠 씨는 못된 음모가이다. 그는 기회가 주어질 때마다 동료든 가족이든 가리지 않고 저질스런 방법으로 서로 이간질시켜 이익을 챙기려 한다. 그는 자신이 항상 음모를 꾸밀 수 있는 기회만 엿보는 까닭에, 누군가 자신을 쫓고 있다는 망상에 시달리곤 한다. 또 주변사람들의 말에 언제나 사악한 음모가 깔려 있다고 추측한다. 뮈잠 씨는 다른 사람이 자신을 속이지 않을 거라는 생각은 하지 못한다. 때문에 그는 늘 음모에 대한 공포심을 느끼며 산다.

거짓말쟁이

슈타이거 씨는 진실을 말하는데 매우 서투르다. 그는 직장에서의 지위나 소득에 대한 질문이 나오면 얼렁뚱땅 거짓말로 둘러댄다. 바른말을 잘하는 사람들은 그를 두고 허풍쟁이라고 부른다. 본인의 이런 성격으로 인해, 그는 주변사람들이 정직하리라고는 꿈에도 생각지 못하며, 오로지 다음의 원칙만 믿고 따를 뿐이다.

'습관적으로 거짓말을 하는 사람은 다른 사람도 자신을 속인다고 믿는다.'

질투심이 많은 사람

콘스탄틴 씨는 은밀한 열정을 지녔다. 바람을 피울 수 있는 기회가 생기면 절대로 놓치지 않는다. 그는 끊임없이 아내를 속인다. 이런 모험이 없다면 그는 살 수가 없다. 바람을 피워 본 사람들은, **자신이 배우자에게 얼마나 매정하게 굴 수 있는지 경험해보았기 때문에 배우자에 대한 질투심 또한 대단하다.** 그래서 이들은 늘 아내(남편) 역시 다른 남자(여자)와 놀아난다고 믿는다.

사이비 성자

멜쉬르 부인은 아이들 앞에서 부부싸움하는 사람들을 도저히 이해할 수 없다며 친구들에게 말하곤 한다. 그렇게 하면 아이들이 사회에 적응하는데 문제가 생길 수 있다며, 책임감 강한 이 어머니는 아이들 앞에서 부주의하게 행동하는 다른 부모를 흉본다. 정작 그런 자신은 아이들이 보는 앞에서 매일 저녁 남편과 한바탕 싸움질을 해댄다.

모빙하는 사람

슈미트 씨는 성공을 목표로 삼고 열심히 살고 있다. 직장에서는 승진을, 가정에서는 사랑을 추구한다. 이런 목표를 달성하기 위해 그는 합법적인 여러 전략을 동원한다. 말하자면 **자신의 욕구를 우선적으로 충족시키고, 타인의 욕구는 나중에 채워줄 수 있는 그런 수단을 사용하는 것이다.** 슈미트 씨는 사랑스럽고, 지적이며, 명랑한 타입으로, 다른 사람보다 늘 한발 앞서갈 줄 안다. 사람들은 그의 추진력과 성공에 감탄하며, 그가 특권을 누리는 것이 당연한 일이라고 인정한다.

영국의 사회경제학자이자 국민경제의 대가인 아담 스미스 덕분에, 우리는 자신의 이익을 최대로 만드는 것이 바로 국민의 이득을 최대화시킨다는 사실을 알게 되었다. 달리 말하면, 프로페셔널하게 모빙하는 사람들의 이기적인 희망과 노력이야말로 경제 호황의 원동력이자, 경제를 돌아가게 하는 메커

니즘이라는 것이다. 따라서 빌리발트 슈미트나 이 책의 지은이 같은 모빙의 대가들은 사회에 톡톡히 기여하는 사람들이다. 만약 우리 모두가 개인적인 이득을 얻기 위해 건전하게 노력한다면, 우리는 경제를 활성화시킬 뿐 아니라, 사회 전체의 행복을 위해 한몫 하게 되는 셈이다.

이렇게 볼 때, 모빙은 한 국가의 GNP를 높여주고, 일자리를 만들어주며, 주식시장을 안정시켜준다. 뿐만 아니라 통화를 안정시키고, 연금을 받을 수 있게 해주며, 수출량을 증가시켜준다. 나아가 보다 더 민주적인 사회를 만들고, 더 많은 탁아시설을 보급하고, 국민건강제도를 개선하고, 정부로부터 기초생활 보조금을 받는 수혜자의 수를 줄여준다.

그리고 또 있다. 감옥에도 즐거움과 행복을 가져다주고, 환자의 수를 감소시키고, 세금이 올라가지 않게 해주며, 창의력을 높여주고, 이혼을 막아주며, 흥미진진하고 다채로운 성생활이 가능하게 해준다. 간단히 말해, **모빙은 적당한 긴장감과 스포츠정신을 삶에 적용하여 보다 편안하고 아름다운 일상을 보낼 수 있게 해준다.**

모빙은 개인에게 행복과 우월감을 주는데 그치지 않고, 경제와 사회가 잘 돌아갈 수 있도록 보장해준다. 그러므로 모빙하는 사람은 사회적인 책임도 일정 부분 맡게 되는 것이다.

하지만 유감스럽게도 사이비 모빙이라는 것이 있다. 우리 사회에는 자칭 모빙의 대가라고 부르는 음모가, 거짓말쟁이, 사기꾼, 탈세자 등이 있다. 하지만 정직한 시민들이 파렴치한 범죄자, 위조범, 도둑과 함께 사는 것을 좋아하겠는가? 이 세상에는 사이비 모빙의 대가들도 많이 있으니, 우리는 모두 주의해야 할 것이다!

아주 좋은 방법은 이 문제를 유명한 사회학자 막스 베버를 통해 밝혀보는 것이다. 베버는 '신념 윤리'와 '책임 윤리'를 서로 구분한다. 만일 어떤 사람이 자신의 행동이 가져올 효과와 결과를 고려하여 그 행동을 저울질한다면, 이 사람은 책임 윤리를 따르는 사람이다. 반대로 자신의 행동이 가져올 효과를 고려하기보다, 자신의 원칙과 동기를 중요시하는 사람이 있다. 그러니까 자신이 어떤 행동을 하여, 그로부터 특정한 부작용이 나오더라도 이에 무관심한 사람 말이다.

우리가 이 책에서 모빙하는 사람이라고 할 때, 바로 막스 베버적인 개념으로 표현하자면, 그는 책임 윤리를 가지고 행동하는 사람이다. 한편 사이비 혹은 엉터리로 모빙하는 사람은 신념 윤리에 따라 행동하는 사람으로 보면 된다.

두 그룹의 차이가 어디에 있을까?

책임감을 가지고 모빙하는 사람은 자신의 행동이 가져올 결과에 대하여 철저하게 계산하고, 수단과 목적의 관계에 대해서도 진지하게 고민한다. 이런 사람들은 미리 최상의 결과를 가져올 기발하고 뛰어난 전략에 대하여 깊이 생각한다. 행동의 효과는 유용해야 하며, 무엇보다 자신에게 유익해야 한다. 만일 이런 사람들이 모빙을 감행한다면, 아담 스미스의 명제에서 보았듯이 자신의 복지와 동시에 타인의 복지를 위해 기여하는 것이다.

신념에 따라 모빙하는 사람은 순전히 자신이 세운 목표 때문에 타인에게 모빙을 가한다. 이런 사람들은 자기만족 때문에 모빙을 할 뿐이다. 그러니 특별한 목적이 없다. 이 책의 지은이들은 이처럼 원시적으로 모빙하는 사람들을 사양한다.

왜냐하면 신념에 따라 모빙하는 사람들은 해체, 파괴, 여성차별 같은 것을 원하며, 직장이나 가정에서 차지하고 있는 자신의 위치를 향상시키는데 관심이 없기 때문이다. 다시 말해 이런 사람들은 음모, 밀고, 거짓말, 중상모략 등을 함으로써 쾌감을 느낀다. 사실 이들은 이러한 쾌감만으로 충분하다. 얼마나 저질인가!

만약 어떤 사람이 노력해서 경쟁자로부터 이익을 빼앗는다면, 적어도 모빙하는 자신에게 이득을 가져와야 한다. 책임감 있게 모빙하는 사람이라면 그렇게 생각할 것이고, 사악한 신념에 따라 모빙하는 사람을 경멸할 것이 분명하다.

이 두 그룹은 근본적인 차이가 있기 때문에, 우리는 책임과 신념에 따라 모빙하는 자들의 성격을 각각 정리해 보았다.

	책임감 있게 모빙하는 자	신념에 따라 모빙하는 자
목적	문제 해결	파괴, 모략
수단	전략	음모, 거짓말
IQ	130 (괴테처럼)	90 (침팬지처럼)
특성	지적이고 친절한 사람 야망을 지님	명예욕에 사로잡힌 사람 평범한 존재
리더십	상당히 다양하다	경험이 없다
취미	바둑, 독서	사우나, 낱말 퍼즐 맞추기
열광	휴가, 자동차, 주식, 섹스, 정치, 폴로, 골프	맥주집, 호텔 레스토랑, 캠핑
스타일	존경할 만한, 평판이 좋은, 명예스러운	우직한, 단순한, 터프한
우상	알리스 슈바르처[1] 미하엘 슈마허[3] 마이클 더글러스	하이너 라우터바흐[2] 막스 샤우처[4]
수호신	헬무트 콜 한스 디트리히 겐셔[6]	위르겐 묄레만[5] 토마스 고트샬크[7]
휴가지	발리	파타야
음식	연어에 구운 감자	감자가 든 피자
자동차	벤츠, BMW	포드, 혼다, 폴크스바겐
영화	대부	신라의 달밤

음악	록, 팝, 재즈, 블루스, 소울	대중가요, 전통음악
음료	이탈리아산 와인 바롤로	칵테일 카이피리나
패션	청회색 넥타이, 고무밴드를 댄 느슨한 트렁크 팬티	붉은 색 넥타이, 유명 메이커 삼각팬티
섹스	식사하듯 규칙적으로	술 한잔 마신 후
식당	전통음식점	호프집
텔레비전	모래 시계, 달라스, 헤럴드 슈미트 쇼	형사 데릭, 3시의 법정, 사랑의 유람선

★1 Alice Schwarzer : 독일의 대표적인 여성운동가.

★2 Heiner Lauterbach : 인기 있는 독일 남자배우로, 터프한 마초 스타일이다.

★3 Michael Schumacher : 독일 출신으로, 현재 세계 최고의 카레이 서이다.

★4 Max Schautzer : 오스트리아 출신의 텔레비전 진행자이자 PD.

★5 Jürgen Möllemann : 독일 자민당 소속 정치인으로 교육부 장관과 재경부 장관을 역임했고, 1998 ~ 2002년에는 자민당 당수를 지 냈다. 2003년 탈당 후, 세금 포탈 등의 혐의로 수사받던 중, 스 카이다이빙 사고로 추락사했다.

★6 Hans Dietrich Genscher : 독일 자민당 소속의 정치가로, 1992년 까지 18년 간 외무부 장관을 역임하였다. 고르바초프가 소련의 정권을 잡았을 때 그의 개혁을 도와주었다.

★7 Thomas Gottschalk : 입담 좋은 오락 프로그램의 진행자이다.

이 책 전체를 통하여, **모빙이 진보와 쇄신, 복지와 자유, 사회적이고 세계적인 평화를 가져온다는 점을 우리는 진지하게 증명할 것이다.** 모빙을 정치적으로 보면 평화운동이자 해방운동이고, 경제적인 관점에서 보면 최대의 이익을 추구하는 원칙이며, 사회심리학적인 측면에서 보면 갈등을 해소할 수 있는 수단이 된다. 간단히 말해, 모빙이 당사자에게는 물론 사회에도 큰 도움이 된다. 그러니 모빙을 마다할 이유가 어디 있겠는가?

모빙을 전략적으로 사용함으로써 자신과 국가를 위해 최상의 것을 획득하는 방법을 말하기 전에, 먼저 지극히 정상적인 한 사람이 모범적으로 모빙한 결과, 그의 운명이 어떻게 승승장구했는지 살펴보도록 하자. 그러니까 약 50년 전쯤 그가 태어났을 때, 부모님은 그에게 빌리발트 슈미트라는 이름을 지어주셨다.

모빙의 대가... W. 슈미트는 어떻게 국회의원이 되었는가

역사는 가히 초인적인 노력으로 시작되었다. 엄청나게 작은 정자들이 수많은 경쟁자와 함께 한 방향으로 헤엄쳐 갔다. 작은 꼬리가 달린 이 녀석들은 잔뜩 긴장한 채 대망의 목표를 향해 움직였다. 사실 모든 사람이 이미 알고 있을 것이다. 이들 가운데 오로지 한 녀석만 뜻을 이룬다는 사실을!

가장 빠르고, 가장 강하며, 가장 우수한 녀석이 난자에 도착하여, 드디어 경쟁을 종식시키고 승자가 된다! 미래의 부모가 지친 몸으로 서로 끌어안고 잠든 사이, 신체 내부에서는 독특한 모빙 — 전투가 벌어지고 있었던 것이다. 이 전투에서 지치고 나약한 녀석은 어떤 기회도 잡지 못한다. 첫 전투에서 이긴 자가 바로 빌리발트였다.

9개월 후

빌리발트는 형제 중 막내로 세상에 태어났다. 어머니 뱃속에서 누렸던 평화, 안전, 따뜻함은 이제 끝났다. 주변의 공기가 갑자기 서늘해졌고, 눈부시도록 밝았으며, 약간 시끄러웠다. 하지만 시간이 조금씩 지나자 처음으로 세상을 보았을 때처럼, 삶이란 그다지 끔찍하지도 않았다.

빌리발트는 이미 세상을 쉽게 살아갈 수 있는 몇 가지 능력을 지니고 있었다. 녀석은 소리를 지를 수 있었다. 그것도 자주, 그리고 매우 시끄럽게. 소리를 빽빽 지르며 울 때 어떤 장점이 있는지 아이는 금세 터득하기에 이르렀다. 그리하여 조금이라도 편치 않으면 주저하지 않고 울어댔다.

그러면 부모는 그를 사랑스럽게 안아주는가 하면 마실 것을 주었고, 함께 놀아주거나 미소를 띠었다. 그가 소리를 지르면 부모는 더욱 온순해졌다. 굳이 목청껏 큰소리로 울 필요도 없었다. 옹알거리기만 해도 충분할 때가 많았다. 부모가 즉시 다가오지 않으면 빌리발트는 계속 울었다. 이렇듯 그는 어릴 때부터 오랫동안 숨을 쉬지 않고도 잘 버틸 수 있었다.

몇주 후

빌리발트는 자신의 삶을 가장 편안하게 해주는 전략을 발견해냈다. 그것은 다름 아닌 미소였다. 한번은 별생각 없이 입술을 약간 비죽거린 적이 있었는데, 이것을 본 어머니가 감탄을 하면서 "어머나, 아이가 미소를 지어요!"라고 반응했다. 그리고는 행복에 겨워 "얼마나 귀여운지!" 하며 탄성을 질렀다. 어머니뿐 아니라 다른 식구들도 똑같은 반응을 보였고, 자신이 계속 미소를 짓도록 온갖 이상한 물건을 보여주었다. 이때부터 빌리발트는 지루하거나 재미있는 것을 보고 싶을 때면 미소를 짓게 되었다.

그후 몇달 동안 빌리발트는 불평할 것이 없을 정도로 편안하게 지냈다. 어머니는 자신을 잘 보살펴주었고, 아버지도 방해하지 않으려고 조심했다. 물론 아버지와 사이에는 문제가 있었다.

얼마 후 빌리발트는 아버지가 어머니를 소유하고 있다는 사실을 알게 되었다. 있을 수 없는 일이야! 그는 즉시 공격태세를 취했다! 밤이면 밤마다 빌리발트는 끔찍한 소리를 지르며 어머니의 가슴을 독차지하기 위해 싸웠다. 다시 말해 빌리발트는 부모를 교육시키기 위해, 며칠 동안 귀청이 찢어지도록 울어야 했다. 마침내 부모는 포기했고, 아버지는 항복까지 하고 말았다. 이때부터 빌리발트는 침대에서 부모의 중간자리를 차지할 수 있었다.

이 경험을 통해 그는 삶을 보다 편안하게 살아갈 수 있는 방법을 터득하게 되었다. 요컨대 자신이 원하는 대로 되지 않을 경우, 빌리발트는 상황에 따라 두 가지 전략 중 하나를 사용하면 되었다. 미소를 짓거나 울면 되었던 것이다. 이렇게 하여 그는 원하는 것을 모두 차지할 수 있었다.

1년 후

빌리발트가 최초로 배운 말은 '엄마' 였다. 어머니가 지치지도 않고 반복해서 가르친 결과였다. 어머니의 관심을 더 받으려면 약간만 친절하게 굴면 되었다. 어머니에게 애정표현을 조금만 더 해주면, 그날 밤에는 다른 때보다 훨씬 일찍 자신을 보살펴러 온다는 사실도 빌리발트는 알게 되었다.

태어난 지 1년이 지나자 빌리발트는 자신의 다리가 가진 기능을 알게 되었다. 이때 그는 자신의 권리를 주장할 수 있는 또다른 수단이 생겼다는 걸 깨달았다. 원하는 곳은 어디든 갈 수 있었다. 다만 움직이면서 물건들을 쓰러뜨리지 않도록 조심하면 되었다. 이제 부모는 웬만한 물건들은 감추기 시작했지만, 빌리발트는 왜 그렇게 하는지 이해할 수 있었다.

생후 1년 동안 빌리발트는 중요한 모빙 전략 가운데 기본적인 것들을 모두 익혔다. 부모님에게 적용해서 성공한 전략이라면, 다른 사람에게도 모두 통했기 때문이다.

그가 미소를 지으면 할머니와 할아버지는 기뻐서 어쩔 줄 몰라 했다. 그가 울면 형과 누나는 큰소리로 부모님에게 알려주곤 했다. 엄마와 함께 시장거리에 나가면 '귀엽고 명랑한 아이' 처럼 굴어 주변 사람으로부터 맛있는 과자를 얻어먹기도 했다. 물론 계산대에 줄을 서서 기다리거나, 어머니가 신발을 사기 위하여 신어볼 때처럼 지루한 적도 있었지만 말이다.

3년 후

이제 빌리발트는 모든 요령을 터득하게 되었다. 그는 스스로 강하다고 느꼈으며, 유치원에 갈 날만 손꼽아 기다렸다.

유치원에 입학한 첫날은 빌리발트의 생애에 있어 가장 어두운 날로 기록될 것이다. 기대에 가득 차서 그토록 철저하게 준비를 했건만, 수많은 모욕과 패배를 감수해야 했다! 그는 다른 많은 아이들에게 자신의 능력을 시험해보려고 했지만, 신통한 효과가 없다는 사실만 확인할 수 있었다.

빌리발트는 지치고 의기소침해졌지만 결코 포기하지 않았다. 며칠 동안 그는 자신보다 나이 많은 아이들의 행동을 관찰하여, 마침내 깨달음을 얻었다.

'맞아, 뜻을 같이하는 동지가 필요해!'

그는 모든 사람에게 솔직할 필요가 없으며, 자신의 물건 중에는 남에게 함부로 주면 안 되는 게 있다는 사실도 배웠다. 2개월이 지나자, 아이들은 빌리발트 없이 어떤 일도 감행하지 못하게 되었다! 초고속으로 빌리발트는 유치원에서 대장이 된 것이다. 유례 없는 출세가 아니고 무엇이랴!

다시 3년 후

초등학교 입학식이 있던 날, 빌리발트는 이미 자신이 원하는 것을 획득하는 방법에 대하여 훤히 알고 있었다. 스스로 힘들게 노력하지 않고도 그는 학교생활을 아주 잘해 나갔다. 반에서 1등을 하진 못했지만 성적이 우수한 축에 속했다. 이는 선생님에게 약간의 아부를 하고, 베끼는 기술을 적절히 사용했으며, 자신을 따르는 친구들을 적당히 만들어둔 덕분이었다.

사춘기가 되자 그는 어릴 적 습득한 능력들을 더욱 확장해나갔다. 그는 특히 여학생들에게 인기가 좋았는데, 남자 상급생들의 태도를 자세히 관찰하여 좋은 점들은 기록해두고, 여학생에게 손쉽게 접근하는 기술 몇 가지를 직접 실험해본 덕분이었다. 그것은 몸을 이용한 감성적 기술, 바로 미소를 짓는 것이었다! 이는 그만이 지닌 장기였으며, 사용하는 즉시 효과가 나타났다.

빌리발트는 주변의 친구들에게도 강한 남자라는 이미지를 심어주었다. 항상 멋스럽고 매너 있으면서 약간 건방진 듯한 태도를 취하는 데 있어 그를 따라올 사람이 없었다. 그러니 비굴하게 구는 일은 그에게 상상도 못할 일이었다. 하지만 여학생들에게 건방지게 굴다가는 아무런 소득이 없을 게 뻔했다. 그는 거울 앞에서 연습했다.

"넌 이 세상에서 제일 예뻐. 네가 없으면 못 살 것 같아."

머지않아 소녀들의 우상이 될 그는 크고 작은 선물을 준비하는 것도 잊지 않았다. 목표는 수단을 정당화시켜주는 법이다.

여학생들은 그가 주는 선물을 즐겁게 받았다. 빌리발트는 이 분야에서 대가가 되었고, 특별히 어떤 여학생을 좋아하기보다 모든 여학생에게 똑같이 잘해주었다. 이는 그에게 엄청난 이득을 가져다주었다. 돈독한 인간관계를 위해 소비하는 시간이 많아지면서 자연히 학교공부를 할 시간이 부족했지만, 여학생들은 수업시간마다 그를 도와주었고, 숙제까지 해주었던 것이다.

그는 학급의 반장으로 선출되었고, 나중에 전교 학생회장이 되었으며, 학교신문의 편집장까지 맡게 되었다. 이로써 빌리발트는 약간의 노력만으로도 선생님들에게 좋은 점수를 받게 되었고, 결국 아주 훌륭한 학생이라는 평판을 얻게 되었다. 철저하게 구축한 네트워크 덕분에, 마침내 그는 A학점이라는 우수한 성적으로 고등학교를 졸업할 수 있었다.

이런 아들을 지켜보는 빌리발트의 부모는 아들을 무척 자랑스러워했다. 이제 그는 부모도 마음대로 조종할 수 있게 되었다. 그를 위해서라면 돈을 아끼지 않는 부모가 되어버린 것이다. 때문에 컴퓨터에서 자동차에 이르기까지 값비싼 물건이 시장에 나오기가 무섭게 빌리발트는 얼마든지 자기 것으로 소유할 수 있었다. 이 얼마나 멋지고 편안한 삶인가! 간혹 빌리발트를 능가한다고 알려진 경쟁자가 나타나더라도, 그는 다만 부드러운 미소를 지을 뿐이었다.

빌리발트는 권력과 돈이 따르면서 재미있게 일할 수 있는 직업을 갖고 싶었다. 이러한 결정을 내리기 전에 그는 세상이 어떻게 돌아가는지 두루 공부하였다. 여러 가지 잡지를 읽었고, 통계도 살펴보았으며, 부모의 가까운 지인 중 성공한 사람들에게 질문도 던졌다.

마침내 그는 경제학을 전공하기로 마음먹었다. 물류관리와 비용

계산 같은 것은 적성에 전혀 맞지 않았지만, 그는 커다란 목표가 있었다. 자동차를 생산하는 대기업의 회장이 되고자 했고, 그것도 적은 노력으로 빠르게 승진하길 원했다.

빌리발트는 그동안 터득한 기술을 마음껏 발휘하면서 대학공부도 문제 없이 해나갔다. 고등학교 때와 마찬가지로, 그는 살인적인 미소와 친구들이 자신을 위해 일하도록 만드는 특별한 능력으로 인기를 얻었다. 게다가 여자친구들이 공부를 도와주는 바람에 좋은 성적도 받을 수 있었다. 가끔씩 그는 자신의 모빙 지식을 더욱 완벽하게 갈고 닦기 위해 몇몇 회사에 실습을 나가기도 했다. 현장의 경험은 일찍 쌓아둘수록 좋은 법이니까!

그런데 5학기째 되던 어느 날이었다. 상상도 못할 일이 빌리발트에게 일어나고 말았다. 그가 총학생회에서 멍청하게 쫓겨나는 신세가 되었는데, 아름답고, 유머도 풍부하며, 끔찍할 정도로 똑똑한 여대생이 그의 코를 납작하게 눌러버린 것이다. 다시 말해 타마라 카이저라는 여대생이 뛰어난 전략과 약간 비열한 행동으로 빌리발트를 밀어내고 그 자리를 차지하는데 성공한 것이다.

그날 우리의 영웅은 무거운 발걸음으로 집에 돌아왔다. 이제 어떻게 해야 하나? 그는 자신의 모빙 전략을 하나씩 점검하기 시작했다. 방법은 하나밖에 없었다. 무조건 그녀에게 엎드리는 것이다!

빌리발트는 샤워를 하고, 이발소에 가서 머리를 손질하고, 말끔하게 면도한 다음, 송수화기를 들었다.

'반드시 너를 정복하고 말 거야!'

마음속으로 다짐하자 용기가 생겼다.

1단계 : 머리끝부터 발끝까지 그녀에게 엎드리기!

2단계 : 하늘이 두쪽 나도 그녀가 항복하도록 유도하기!

성공으로 가는 길은 예상보다 멀고 험했다. 빌리발트가 작업에 들어간 지 1주일이 지나도 그녀는 여전히 거부감을 표시했지만, 그가 썩 괜찮은 남자라는 점은 인정했다. 2주일이 지나자 그녀의 손을 잡을 수 있었다. 타마라와 깊은 관계를 맺기 위해서는 더 많은 노력이 필요했다. 마침내 10주가 지나자, 그가 펼치는 온갖 세련된 사랑의 기술 앞에 타마라는 무릎을 꿇고 말았다.

수십년 후

대학을 졸업한 빌리발트는 초고속으로 성공가도를 달렸다. 그는 출세한 젊은 엘리트에 속했고, 몇 차례 회사를 옮기고, 전략적으로 모빙을 시도한 끝에, 마침내 대기업의 회장자리까지 오르게 되었다. 자신의 삶에서 최초로 위기를 맛보게 해주었던 여자 경쟁자는 이미 성공적으로 처리한 다음이었다.

어떻게 했냐고? 오래전에 타마라와 결혼해버렸던 것이다. 그녀는 두 명의 아이를 돌보는 일 외에도 가족의 사회적 지위를 향상시키는 데 헌신하였다. 또 미래의 자식들에게 도움이 될 수 있는 인간적 네트워크를 일찌감치 구축해주고 있었다.

유치원과 학교 친구 가운데 부모가 고위 공무원, 기업체 이사, 국회의원이 있으면 반드시 이들과 안면을 텄다. 타마라는 그런 집 아이들의 생일을 잊지 않고 챙기는 등, 자신의 아이가 상류층 자제들과 교제하도록 힘썼다. 테니스클럽, 골프장, 학부모회를 가릴 것 없이, 그녀는 자신과 남편 그리고 아이들에게 안락한 삶을 보장해줄 수 있는 삶의 조건을 구비하기 위해 노력을 아끼지 않았다.

이런 환경에서 처지는 사람은 무자비하게 모빙당했다. 언젠가 타마라의 소꿉친구였던 한 여자친구가 바비큐파티에서 빌리발트를 약간 무시하는 발언을 했었다. 이후부터 그녀는 타마라의 초대를 받을 수 없었다. 타마라는 여기서 그치지 않고, 과거 그녀의 누드사진 촬영 경험을 폭로하여, 그녀가 다시는 사교계에 얼굴을 들고 다닐 수 없도록 만들었다.

빌리발트가 출장갈 때 동행하기를 좋아하던 여비서도 마찬가지였다. 타마라는 여비서에게 일거리를 산더미처럼 주어서, 한밤중이 되어도 그녀가 퇴근하지 못하도록 만들어버렸다. 그러니 여비서는 더 이상 엉뚱한 생각을 할 수 없었다.

남편과 거래하는 사람들도 예외가 아니었다. 협상의 결과에 따라, 타마라는 남편의 사업상 파트너에게 사탕을 주거나 채찍을 내렸다. 이런 일들을 그녀는 남의 눈에 띄지 않게 해치웠다. 왜냐하면 훌륭한 가정주부란 쓸데없이 앞에 나서서, 남편의 성공에 방해물이 되어선 곤란하기 때문이다.

빌리발트는 어떻게 지낼까? 자신이 원하던 모든 것을 이루어낸 빌리발트는 행복한 나날을 보낸다. 50회 생일날, 그는 스페인의 마르벨라에서 골프를 치며 여유 있는 하루를 보냈다. 가족을 동반하지 않은 채 말이다. 남자란 때로 휴가를 혼자 보낼 수도 있다(애인과 함께). 완벽한 아내와 유능한 여비서가 집안과 회사에서 일어나는 힘든 일들을 모두 처리해주고 있으므로, 그는 가끔씩 골치 아픈 회사를 떠나 휴가를 즐길 수 있다.

물론 절친한 친구가 별 세 개짜리 호텔을 개업한다는 소식을 알려왔기에, 곧 일상으로 돌아가야 하지만 말이다. 그러나 개업식에서 또다른 유명인사를 만나게 될지 누가 알겠는가!

회사일은 계획대로 잘 진행되고 있다. 몇년 동안 자신의 측근에서 일하는 젊은 간부들이 그의 뜻을 잘 따르고 있다. 이들이 한번이라도 자신의 뜻을 거역한다면, 간부들의 떳떳하지 못한 자신의 과거를 훤히 알고 있는 빌리발트로서는 바로 그들을 협박할 수 있다.

이사들은 어떻게 하냐고? 지난번 골프장에서 빌리발트가 실력발휘를 한 다음부터는 그들도 완전히 엎드리고 있다. 스포츠가 없다면 비즈니스도 없는 법이다!

이렇듯 빌리발트의 삶은 잘 돌아가고, 그는 모든 것을 통제할 수 있다. 한 가지 문제가 있다면 가끔씩 고독과 권태가 밀려온다는 것이다. 자신의 삶이 너무 완벽하고, 너무 단순하며, 거부할래야 거부할 수 없는 것처럼 보인다. 그는 늘 투쟁하고 현명하게 처신해야 했던 자신의 과거를 떠올리며, 대기업의 경영인으로서 살아가는 현재의 삶이 자신을 지속적으로 행복하게 해주지 못한다는 사실을 깨닫는다. 남자란 언제나 도전할 과제가 필요하며, 빌리발트는 바로 그런 삶을 좋아하는 사람인 것이다.

이미 오래전부터 빌리발트는 언젠가 정치가로 데뷔할 계획을 세우고 있었다. 그렇게 되면 타마라는 분명 존경받는 정치가의 아내가 될 것이다. 따뜻한 햇살을 받으며 찍은 가족사진이 선거전의 팸플릿에 나타날 것이다. 그 얼마나 평화로운 모습일까! 게다가 빌리발트는 중후한 멋을 풍기는 50대로, 어떤 토크쇼에 출연해도 모자람이 없을 것이다.

"오늘의 초대손님, 빌리발트 슈미트 씨를 소개합니다!"

바로 이거다! 대학시절 구축해놓았던 친구들의 네트워크는 지금도 변함이 없다. 그동안 그들에게 직장을 알선해주는 등 약간의 도움을 제공해 왔던 것이다. 이런 그가 새로운 경력을 쌓겠다고 하는데, 과연 누가 반대하고 나서겠는가?

빌리발트 슈미트는 새로운 목표를 향해 오늘도 노력한다. 다음에 그가 어떤 모습으로 나타날지 흥미롭게 지켜보아도 될 것이다. 삶이 존재하는 한, 오늘도 그는 모빙을 하고 있을 것이기에 말이다.

제 2 부

M   O   B

라이벌을 제압하는 11대 전략

— 인생, 내 손안에 있소이다!

I N G

유례없이 성공하여 대기업의 회장자리까지
오른 빌리발트 슈미트의 배후에는 무엇이 숨어 있는 것일까?
그것은 바로 '모빙 전략'이다. 모빙 전략은 바로 이 책의 핵심
이라고 할 수 있다. 제2부에서 우리는 일상생활에서 볼 수 있
는 실제의 예를 들어가며 효과가 뛰어난 11가지 전략을 소개
하겠다. 적당한 타이밍에 이런 전략을 재치있게 사용한다면
당신은 큰 성공을 거둘 수 있다.

**우선 적절한 전략을 선택하기 위해 당신은 모빙할 대상부터
정확히 분석해야 한다.** 기본적으로 모든 사람은 모빙의 대상
이 될 수 있다. 만일 당신이 직장에다 덫을 놓으려 한다면, 그
대상은 상사, 동료, 혹은 부하직원이 될 수 있다. 이밖의 다른

분야에서라면 친척, 이웃, 집주인, 친구, 남편 혹은 아내도 대상이 되겠다.

대상이 누구이든지 간에, 당신은 상대의 특징을 정확하게 파악할 필요가 있다. 이때 상대의 약점, 즉 민감하게 반응하는 부분이나 삶의 특별한 조건, 건강상태, 그리고 성적인 경향이나 과거의 실수, 권한 등을 반드시 파악해야 한다. 또한 필요하다면, 라이벌의 친구나 적을 당신 편으로 만들기 위해, 그들이 누구인지 알아두는 것도 도움이 된다. 유용한 정보를 수집할 때는 작은 것도 소홀히 해서는 안 된다. 하지만 **기록으로 남기는 일은 훗날 당신에게 위험이 될 수도 있으니 가능한 피하도록 한다.**

일단 상대에 대한 밑그림이 완성되었다면, 11가지 모빙 전략 가운데 가장 적절한 것을 선택한다. 몇개의 전략을 혼합하여 사용하면 더욱 좋다. 여러 가지 전략을 성공적으로 구사할수록 당신은 더욱 당당하게 소신을 주장할 수 있을 것이다. 직장이라면 당연히 사장이나 상사들에게 기회가 많겠지만, 부하직원이라고 해서 모빙할 기회가 없는 것은 아니다.

끌어안기 전략

포옹은 언제나 좋은 것이다. 우리는 사업상 거래인, 아이들,

장모나 시어머니, 할머니, 친구, 남편이나 아내, 심지어 경쟁자와도 자주 포옹을 한다. 대부분의 경우 포옹이란 상대를 아끼고 좋아한다는 뜻을 담고 있다.

이때 포옹당한 사람은 상대에 대하여 긍정적인 인상을 갖게 된다. 이처럼 상대가 착각할 때 이를 충분히 이용한다면, 바로 '끌어안기'라는 모빙 전략을 잘 활용하는 사람이 된다.

카이사르에서부터 비스마르크에 이르기까지 탁월한 지도자들은 끌어안기 전략을 성공적으로 활용하였다. 또한 현대의 정치도 이 전략을 빼놓고는 생각하기 어렵다. 2002년 독일에서 총리 후보로 출마했던 정치가들도 이 도구를 사용했던 것이다. 1998년 총리가 된 게르하르트 슈뢰더가 만약 내부의 적이었던 오스카 라퐁테인을 끌어안지 않았다면, 그가 총리자리에 오를 수 있었을까? 아마도 불가능했을 것이다.

포옹의 위력은 문학작품에서도 풍부하게 볼 수 있다. 장 라신느(Jean Racine)는 그의 비극 『브리타니쿠스』(1669)에서 네로의 입을 통해 이렇게 말했다.

"적을 질식시키기 위해 나는 그를 뜨겁게 포옹하노라."

비슷한 내용을 철학자 미셸 드 몽테뉴의 저서인 『수상록』(1580)에서도 볼 수 있다.

"도둑처럼……, 그들은 서로 목을 조이기 위해 포옹한다."

위대한 사람들에게 통용되던 것이라면 평범한 사람에게도

무난하게 적용될 수 있다. 다음과 같은 일상의 한 장면을 보기로 하자.

당신에게 중요한 사람들이자 당신이 어울리고 싶어하는 한 무리의 사람들이 있다. 그런데 어떻게 된 일인지, 그들에게 당신의 의견을 표현하기가 점점 더 어려워진다. 그들은 당신에게 꼭 필요한 사항만 말해주고, 그밖에는 당신이 마치 존재하지 않는 것처럼 행동한다. 이를테면 당신은 정보를 곧바로 얻지 못하며, 사람들에게 소외당하는 것이다. 직장동료, 모임의 동지나 회원, 심지어 당신의 가족조차도 당신을 진정으로 받아들이지 않는다.

어쩌면 이들은 당신의 성공을 질투하거나, 당신의 자리를 탐내는 라이벌 또는 적대자에게 조종당하고 있는지도 모른다. **만일 당신이 이런 상황에 처하면 즉시 반응해야 한다. 가만히 당하지 말고 자신을 방어하라는 뜻이다!**

그러면 어떻게?

가장 시급한 과제는 그들 내부에 결성된 연대관계를 해체시킴으로써, 그룹 전체를 뒤흔드는 일이다. 이렇게 하면 집단의 연대감이 무너지고, 당신을 위협하던 원인이 제거된다.

당신은 주동자에게 무언가 약속을 해야 한다. 돈, 보상, 좋은 자리를 제공하겠다는 약속을 통해 그룹의 우두머리를 당신 편으로 만드는데 성공한다면, 기대 이상으로 큰 결실을 얻을 수 있을 것이다.

경제계에서 이런 과정은 흔히 일어난다. 예를 들어 중소기업을 대기업이 인수하려고 압박할 경우, 수천만 유로라는 큰 금액을 경영자에게 쥐어주면 흔쾌히 승낙할 때가 많다. 만일 이 선물이 아무 효과가 없다면, 합병을 거부하는 기업에게 경제적인 제재조치를 가하겠다고 위협할 수도 있다.

만일 당신에게 냉담한 그룹 가운데 주동자가 고집불통인 사람이라면, 가장 약하게 저항하는 사람부터 공략한다. 한 사람 내지 몇 사람에게 접근해서, 우선 그들과 좋은 관계를 맺을 수 있도록 전략을 갖추어야 한다. 그후 당신이 원하는 바로 그때, 목표를 정확히 겨냥하여 이 사람들을 투입하는 것이다. 조직적으로 이들을 당신 편으로 만들고, 마침내 주동자가 손을 들 때까지 여러 수단을 동원하여 그들을 끌어안는다.

끌어안기 전략은 어떤 분야에 적용해도 무난한 전략이며, 특히 정계와 직장 세계에서는 효과만점이다. 포용할 때는 이웃을 사랑하는 따스한 마음으로 해야 한다. 그렇지 않을 경우, 사람들은 이러쿵저러쿵 쓴소리를 해댈 수 있다.

그러므로 항상 친절하고 배려하는 마음, 그리고 동료애를 가지고 마음을 다해 포용해야 한다. 친구든 적이든 가리지 않고 말이다. 이 전략이야말로 아주 유리한 입지를 당신에게 가져다줄 것이다.

라이벌의 충성심에 상처내기 전략

이런 상상을 한번 해보자. 당신과 함께 일하는 어떤 동료가 계속하여 멋진 아이디어와 명쾌한 해결책을 제안한다고 말이다. 사태는 더욱 심각해져, 머지않아 그가 승진할 게 분명하며 출세가도를 달릴 것이라고 주변에서 말한다. 정말 참을 수 없는 상황이 아닌가!

이제 당신은 그에게 밀리게 될까봐 두려워한다. **동료 때문에 뒷전으로 밀려나다니, 상상만 해도 끔찍하지 않은가! 당신은 지금 위험에 처해 있다. 하지만 가만히 앉아서 당할 수는 없는 노릇이다.**

동료가 승진할 수 있는 기회를 당신이 철두철미하게 봉쇄해야 한다. 먼저 그가 중요한 사람과 접촉하는 것을 막아야 하며, 그에게 이익이 될 수 있는 출장도 적극 막아야 한다. 불리한 경쟁을 철저하게 중단시켜야 하는 것이다. 그러기 위해서 당신은 회사를 대표하는 자리에 반드시 참석해야 한다. 그리고 회사로부터 간부회의에 참석하라고 요청받았다는 점을 강조해서 말해야 한다. 어떤 질문에도 당신이 나서서 답변해야 하며, 다른 사람이 대신하게 해서는 안 된다.

다른 사람의 좋은 생각이나 의견도 마치 당신의 것인 양 말하고, 자신에 대한 칭찬도 아낌없이 하는 것이 좋다. 그리고 기회가 생길 때마다 당신의 경쟁자를 비방해야 한다. "그 사람에게 더이상 좋은 의견이 나오겠어? 개인적으로 문제도 많고 말이야……." 당신의 라이벌이 곁에 없는 이상, 아무도 당신의 말에 이의를 제기하지 않을 것이다.

하지만 당신의 경쟁자가 지닌 능력을 동료들이 알고 있는지의 여부를 확신할 수 없을 때에는 특히 조심해야 한다. 이럴 경우에는, '심사숙고한 끝에……'라는 식으로 라이벌이 맡았던 중요한 역할을 슬그머니 감추도록 한다. 어쩔 수 없는 상황, 가령 타부서에서 당신의 경쟁자에 대하여 질문을 해올 경우, 그 사람의 능력에 대해 두서없이 말해주는 것이 좋다.

당신이 보기에 그가 경쟁상대라고 예상되면, 그에게 책임 있는 일을 맡겨서는 절대로 안 된다. 왜냐하면 그에게 권한을 주면, 그가 당신의 영향력에서 벗어날 가능성이 크기 때문이다. 이런 식으로 당신이 브레이크를 걸면, 상대의 업무능력이 눈에 띄게 저하될 것이다. 너무 심한 것 같지만, 그래도 이 사람이 당신의 상사가 되는 것보다 훨씬 낫지 않은가.

그러니 당신은 그 동료에게 잘못되거나 불완전한 정보를 제공하고, 진짜 중요한 정보는 혼자 독점하고 있어야 한다. 대담하게 행동하는 것이다. 만일 사람들이 당신의 전략을 눈치라도 채면, 절대 그럴 의도가 없다고 발뺌하면 된다. 이런 식으로 하면 십중팔구 당신의 승리로 돌아간다.

그런데 이렇게 했음에도 불구하고 효과가 없을 경우에는 다른 수단과 방법을 찾아보아야 한다. 먼저 업무를 다시 분배한다. 이때 장래성 있는 업무는 당신의 위치를 넘볼 수 없는 직원에게 나누어준다. 비록 당신이 흥미를 느끼는 일이라 할지라도 라이벌이 더 잘할 것 같은 업무라면, 처음부터 손대지 않는것이 현명하다. 이렇게 하면 당신이 팀장에게 칭찬과 인정을받지 못했다고 할지라도, 위험한 존재인 라이벌 역시 팀장의칭찬과 인정을 받지 못한다.

느긋하게 행동하라! 사태를 장악하고, 당신에게 이득이 되는 것을 취하며, 권력을 잡는 일에 양심의 가책 따위는 갖지 않는 편이 좋다. 상사와 부하 사이의 도덕적 의무라고 할 수 있는 충성심 같은 미덕은 이제 구식이며 부담스럽기만 하다. 현대사회에는 불충과 불성실이 매일같이 행해진다.

1999년 3월, 오스카 라폰테인이 재정부 장관직에서 물러난 경우를 보면 잘 알 수 있다. 이 사건은 정치가들이 서로 연대해서 경쟁자를 물리치고, 한때 파트너였던 사람이 불충한 행동을 하도록 유인한 좋은 예가 된다.

그의 책 『심장은 왼쪽에서 뛴다』에서 라폰테인은 총리 게르하르트 슈뢰더의 불성실 때문에 자신이 장관직에서 물러날 수밖에 없었다고 밝혔다. 반대로 슈뢰더는 라폰테인의 태도야말로 충성심과 의리를 깨는 행동으로 평가하고, "오스카, 이제그만합시다!"라고 말하며 당의 동지로서 계속 일하자고 제안했다. 두 경쟁자 가운데 누가 더 모빙을 잘했는지는 역사가 말해준다.

이제 관점을 바꾸어보자. 아주 유능함에도 불구하고 언제나 사장에게 무시당하고, 도무지 승진하지 못하는 직원의 예를 들어보자.

직장에서는 당연히 상사에 대한 충성심을 요구한다. 한 여론조사기관이 2000년과 2001년에 실시한 설문조사에 따르면, **기업의 성공은 직원들이 상사에게 바치는 충성심에 비례한다는 결론이 나왔다.** 상사에 대하여 상대적인 만족도가 높은 회사는 당연히 상사에 대한 충성심이 강했다. 응답자 가운데 85퍼센트가 상사에 대한 충성심이 강하거나, 매우 강하다고 대답할 정도였다.

별로 중요하지는 않지만 흥미로운 결과도 나왔다. 충성심이 가장 적은 집단은 공무원 사회였다. 이들은 고작 19퍼센트 정도가 상사에게 충성하는 편이며, 23퍼센트는 불충하는 것으로 드러났다.

만일 당신이 직장에서 고충을 당하는 입장이라면, 주저하면서 시간을 낭비해서는 안 된다. 이 경우 당신은 회사에 충성할 필요가 없다. 사명감을 가지고 회사에서 맡은 책임을 진지하게 받아들이되, 망설이지 말고 곧장 시대에 뒤떨어진 사장의 경영 스타일을 바로잡아주도록 노력한다. 그가 경영하는 스타일은 어차피 당신의 출세에 방해만 될 뿐이다. 사장에게 당신의 충성심을 한껏 보여주되, 그가 모르고 있는 부분을 지적하는 동시에 당신의 능력을 최대한 강조해야 한다. 이때 무엇보다 스스로 나서서 적극적으로 행동할 필요가 있다.

가장 효과적인 방법은 지뢰를 터뜨리는 것이다. 예를 들어, 당신이 새로운 정보나 자료를 가지고 있다고 치자. 하지만 회의에 참석할 때, **당신은 철 지난 서류들을 가져가서 불완전하거나 중요하지 않은 사건들만 상사에게 보고하는 것이다. 그는 분명 불안해 할 것이 틀림없다.**

당신에게 유리할 수도 있는 약속은 상사에게 미리 보고하지 않는다. 만일 그렇게 했다가는 상사가 일을 독점할 수 있다. 어쩔 수 없는 경우에는 비교적 중요하지 않은 사항만 늦게 보고하도록 한다. 그러면 당신은 사업상 파트너에게 좋은 인상을 지속적으로 줄 수 있고, 조만간 당신이 싫어하는 상사를 조용히 밀어낼 수 있다.

만약 당신의 운이 좋아서 회사의 중역들과 쉽게 연결되어 면담이 가능하다면, 이런 기회를 절대로 놓쳐서는 안 된다. 평소에 이들과 개인적으로 돈독한 관계를 맺어두는 것이 여러모로 유리하다. 자신을 막강하게 지원해주는 후원자가 있다면, 이것이 직속 상사와 직접 부딪히는 것보다 훨씬 효과적이다. 예컨대 당신의 상사에게 리더십이 부족하다면, 이를 중역들에게 말해버리는 것이다. 문제는 쉽게 해결될 수 있다.

당신이 상사를 무시하고, 업무과정을 보다 짧고 효율적으로 만듦으로써, 당신은 경직된 관료주의를 무너뜨리고 동시에 생산성도 높일 수 있다. 또한 내 편의 사람들을 만들 수 있고, 세대교체까지 실행에 옮길 수 있다.

충성심이란 굳이 직장에서 뿐만 아니라 다른 관계에서도 찾아볼 수 있다. 남편이나 아내 협회의 회장, 당총재, 친한 친구나 동료가 당신을 반대할 때는, 당신이 먼저 선수를 쳐야 한다. **혹시 당신의 행동이 충성심을 저버리는 것은 아닐까 하고 고리타분하게 생각할 필요가 없다. 무엇보다 중요한 것은 당신 자신이 무사하고 행복해지는 것이다.**

따라서 '라이벌의 충성심에 상처내기 전략'은 여러 경우에 많은 도움이 된다.

주의를 다른 곳으로 돌리기 : 교란 전략

루돌프 샤핑 전 국방부 장관이 2002년 국회의원 선거 직전에 해임된 사건을 두고, 사람들은 흔히 완벽한 교란 전략이라고 한다. 이로써 슈뢰더 총리는 강인한 의지를 증명할 수 있었고, 동시에 국내정치와 국제정치의 현안에 집중된 관심을 다른 방향으로 돌릴 수 있었다. 이처럼 멋진 극적인 장기판을 본보기로 삼으면 된다.

'교란 전략'은 모빙을 잘하는 사람이면 누구나 활용하는 전략이다. 사노라면 누군가 당신을 비난하거나, 당신과 관련된 스캔들이 터진다거나, 직업상 어려운 난관에 부딪치거나, 연속하여 실패할 경우가 생긴다. 이때 당신이 할 수 있는 가장 좋은 방법은 작은 것일지라도 경쟁자의 스캔들을 공공연하게 폭로하는 것이다.

교란 전략이 성공하려면 고도의 모빙 기술이 필요하다. 만일 당신이 상대방에게 공격당한다면 자기방어에 아까운 에너지를 소비하지 말고, 당신 주변에서 다른 사람이 걸려들 수 있는 덫이 무엇인지 재빨리 생각해보아야 한다. 말하자면 맞불을 놓는 것이다. 사태가 급박하면 온갖 좋은 생각들이 떠오르기 마련이다. 당신의 머릿속에 분명 기막힌 아이디어가 떠오르겠지만 조심해야 할 점이 있다. 많은 사람들이 소문의 진원지가 당신이라는 사실을 눈치채서는 곤란하다. 그러므로 철저하게 배후에서 물밑 작업을 해야 한다.

또한 신속하게 퍼지는 소문이나 스캔들에 대하여 당신의 입장을 밝히는 것은 좋지 않다. 당신의 의도가 탄로나기 쉽고, 당신이 희생양이 될 가능성도 있기 때문이다. 그러니 겉으로는 소문의 주인공과 같은 편인 것처럼 행동하면서, 결국 그가 포기하고 패배를 인정할 때까지 기다려야 한다. 마지막에는

이 사건이 너무도 당황스러웠노라고 시치미를 뚝 떼며 말해야
한다.

당신이 놓은 덫에 누군가 걸려들어 고초를 치르는 동안, 당
신은 자신의 문제를 대중의 관심에서 끌어내려 입장을 보다 확
고히 다질 수 있다. 이렇듯 연출된 스캔들을 능숙하게 처리할
수 있다면, 예상치 못한 이익도 챙길 수 있을 것이다.

**교란 전략은 고대역사에서도 찾아볼 수 있다. 그야말로 수
천년 간 시험해온 전략인 셈이다.** 대표적인 예로 철학자 소크
라테스의 죽음을 한번 되새겨보자.

고대 아테네를 다스리던 민주주의자들은 심각한 정치적 위
기에 직면하게 되었다. 자신들의 실패와 나약한 국가의 결점
을 어떤 식으로든 감추어야 할 과제를 안게 된 것이다. 그들은
희생양을 물색하던 중 마침내 적합한 인물을 발견했는데, 그
가 바로 소크라테스였다. 그들은 소크라테스에게 젊은이들을
타락시키고, 새로운 신을 섬긴다는 죄를 뒤집어씌웠다. 기원
전 399년 아테네 시민들은 '신에 대한 불경죄'를 범했다는 이
유로 소크라테스를 심판했고, 결국 그에게 덜 자란 유독식물
에서 추출한 성분으로 만든 독배가 내려졌다.

이렇게 하여 아테네에는 다시 평화가 찾아왔지만, 그 평화
는 오래가지 못했다. 사태는 다시 악화되었고, 민주주의는 더
욱 위태롭게 되었다. 한편 소크라테스는 그의 제자 플라톤 덕

분에 사후 엄청난 영향력을 행사하게 되었고, 지금까지도 신화적인 인물로 존경받고 있다.

오늘날의 시점에서 보면, 당시 소크라테스를 모함했던 아테네인들은 철저하게 모빙하지 못한 것으로 보인다. 특히 교란 전략을 끝까지 밀고 나가지 못했는데, 만일 이에 성공했더라면 소크라테스가 죽어서까지 그들에게 복수하는 일은 일어나지 않았을 것이다.

모빙을 완벽하게 할 수 있는 사람이라면, 자신에게 쏠리는 시선을 다른 곳으로 돌리기 위해 끈기 있게 행동한다. 높은 지위에 있는 사람도 예외가 아니다. 이들은 흔히 적을 과소평가하는 실수를 저지르곤 한다.

하나의 예를 들어보자. 2002년 초, 찰스 황태자의 둘째아들 해리가 대마초를 피운다는 사실이 대중에게 공개된 적이 있었다. 그러자 왕실 대변인은 모든 잘못이 왕자의 친구에게 있다는 변명을 늘어놓았다. 하지만 희생양이 된 친구와 그의 부모는 이 사실을 완강하게 부인했다. 그들은 자신들에게 가해지는 비난에 대항하여 끝까지 싸웠고, 결국 해리 왕자는 혐의를 벗지 못했다. 이렇게 하여 왕실에서 벌인 교란 전략은 실패로 끝나고 말았다. 아마추어처럼 교란 전략을 사용하면 실패할 수밖에 없다.

장기판에서 졸을 희생시키는 원칙이 프로축구에서는 일상

적으로 행해진다. 어떤 팀이 순위에서 거의 꼴찌를 면하기 위해 안간힘을 쓰고 있지만, 운동장을 찾는 관객은 갈수록 줄어든다. 그러면 축구팀 구단주는 최후의 수단을 사용한다. 즉 한 선수를 지명하여 그를 흠씬 두들겨 패고, 책임을 물어 트레이너를 해고시키는 것이다. 이로써 모든 문제가 가라앉고, 축구팀은 다시 경기에 임한다. 이제 선수들은 리그전에서 일등을 차지하기 위해 죽을 힘을 다해 뛰고, 급기야 우승을 차지하게 된다. 만일 중간에 또 문제가 발생하면, 다시 트레이너를 교체하면 된다.

테니스도 예외가 아니다. 데이비스컵에 선수를 출전시킨 코치들도 차례로 쫓겨났다. 선수가 보리스 베커였건 미하엘 슈티히였건 상관없었다. 이들이 패배하여 관중이 경악에 빠지면, 경기를 더욱 흥미진진하게 만들기 위해 교란 전략이 펼쳐질 때가 많았다. 최근 5년 동안 독일테니스협회가 총 5명의 코치를 교체했다는 사실이 바로 그 증거이다.

증권시장에서도 매일같이 일어나는 교란 전략을 볼 수 있다. 탁월한 기업이 예상 밖의 결산을 발표함으로써 세계적으로 이목을 끄는 일은 흔히 있다. 기업주는 교묘하게 이익을 속이거나 손실을 입었다고 발표함으로써, 기업의 실제 손익 상태를 속이고, 이를 통해 기업의 주식이 폭락하는 사태를 막으려고 노력한다.

돈에 걸신들린 주식투기꾼은 엄청난 돈을 챙긴다. 우선 투기꾼들은 현재 어떤 회사가 잘나가고 있으며, 머지않아 주가도 상한선을 치게 될 것이라는 거짓정보를 여러 차례 흘려보낸다. 그리고는 이 회사가 파산하기 바로 직전, 암암리에 주식을 매도하여 엄청난 이득을 챙기는 것이다. 그야말로 모빙의 전형적인 예가 아닐 수 없다.

기업의 대차대조표 전문가와 경제 전문가(교란 전략에 참여하지 않는), 투자자와 주주, 신용평가회사, 보험회사, 온갖 펀드는 이런 종류의 속임수에 영락없이 속게 된다. 사기를 치는 사람들은 회사나 자신에게 불리하게 돌아가는 현재의 상태를 속여 이득을 챙기려는 사람들이다.

하지만 이런 식의 모빙이란 얼마나 유치하고, 저질적이며, 범법적인 행동인가! 허술한 공중누각은 단번에 무너지게 되어 있다. 주식시장은 수십 억 유로의 손실을 입게 되고, 건전한 투자자들은 주식시장을 믿지 못할 것이며, 사기꾼들은 마침내 법정에 서야 할 것이다.

교란 전략을 성공리에 시험할 수 있는 곳은 다름 아닌 가정이다. 가령 이런 상상을 해보자. 바람난 당신이 애인과 함께 멋진 레스토랑에 앉아 있다고 말이다. 행복한 당신은 애인과 함께 여행갈 계획을 세우고 있다. 그런데 이 무슨 일인가! 하필이면 말이 많고 시기심 많은 이웃집 여자가 레스토랑에 들어와 당신을 목격하고 만다. 머지않아 당신의 아내와 담판을 지어야 할지도 모르는 상황이 되어버린 것이다.

하지만 이런 상황에서도 빠져나갈 구멍은 있는 법. 그러니까 **당신이 먼저 선수를 치면 된다. 아내에게 서투르게 대화를 청하다가 공격당하지 말고, 창끝을 돌리는 것이다.** 이를테면 당신이 레스토랑에서 여자를 만난 건, 당신의 아내가 테니스 선생과 바람났다는 소문이 나돌아, 이 사실을 확인하기 위해서였다고 말이다. 적당히 말을 꾸며대면서 그럴 듯하게 연기하면 된다.

이렇게 하면 모빙을 당한 사람은 당신의 아내이지, 절대 당신이 아니다. 이때 당신의 아내는 분명 화를 풀고, 멋진 저녁식사를 준비해서 화해를 청할 것이다.

소문내기 : 외교적 전략

대부분의 사람들은 수다를 떨고 잡담을 늘어놓는다. 대중매체조차 소문으로 먹고산다 해도 과언이 아니다. 센세이션을 좋아하는 싸구려 잡지나 스포츠지들은 관음증이 있는 독자들의 욕구를 만족시켜주려는 목적으로 무분별하게 진실을 폭로하고, 텔레비전에서는 문신을 새긴 자들이 토크쇼에 출연하여 변태적인 성향을 거침없이 늘어놓는다. 유명한 신문도 예외가 아니다. 양심의 가책 따위를 느끼지 않고, 소문을 팔아먹는 장사는 늘 호황을 누리고 있다.

그렇다면, 과연 소문이란 무엇일까?

소문이란 다른 사람에 대한 어중간한 진실이나 추측 혹은 황당무계한 이야기를 퍼뜨려서 일정한 이익을 구하려는 계획적인 시도이다.

"마이어 씨는 스무 살짜리 젊은 애인이 있어." "우리 이웃집 남자는 프리섹스를 하는 클럽에 드나들고 있지." 이런 말은 쉽게 들을 수 있는 소문이다. 이것이 퍼지는 과정에서 입을 통해 계속 각색이 이루어진다. 가령 위의 소문이 "슈미트 씨의 이웃집 남자는 마이어 씨의 애인과 함께 20년 전부터 프리섹스 클럽에 출입하고 있어"로 각색될 수도 있다.

소문을 퍼뜨리는 수단은 언어, 문서, 사진, 눈짓, 몸짓, 흉내 등등 매우 다양하다. 소문을 퍼뜨리거나 연출하는 당사자가 아닌 이상, 우리는 늘 끔찍한 소문에 말려드는 것이 아닌지 조심해야 한다. 심상찮은 기미가 보이면, 불안으로 잠을 설칠 수 있고, 필요 이상으로 술을 찾게 될지도 모른다. 뒤늦게 소문을 바로잡으려고 해보았자 아무 소용이 없다. 그러니 시기를 놓치지 않도록 주의해야 한다.

원래 수다를 먼저 떠는 사람은 소문의 희생양이 되지 않는 법. 판매부수가 많은 잡지나 신문에서 우리는 날조한 인터뷰,

조작된 사진, 의문스러운 목격자 진술 등을 읽을 수 있다. 물론 결정적인 증거는 항상 빠져 있다. **자신을 가장 훌륭하게 방어하는 방법은 먼저 공격하는 것이다!**

얼마 전 언론을 떠들썩하게 했던 '보러 연애사건'도 좋은 예가 된다. 인기 절정의 베를린 주재 스위스 대사 토마스 보러가 아내에게는 물론 고향에서도 눈엣가시 같은 존재가 되고 말았다. 이유는 그가 미모의 여인과 바람을 피웠다는 소문을 사람들이 퍼뜨렸기 때문이다.

확실한 증거는 물론 간접증거조차 없는 상태에서, 보러 대사에 대한 소문만 무성했다. 이 소문을 해명하기 위해 보러가 대중 앞에 나섰을 때도 마찬가지였다. 이미 사람들은 소문을 진실이라 믿고 있었기 때문에, 그의 해명은 아무 소용이 없었던 것이다. 결국 인기 절정이었던 대사는 본국으로부터 베를린에서 돌아오라는 소환장을 받고 말았다.

훗날 보러의 명예는 회복되었지만, 그가 자리에서 물러난 후였다. 손상된 이미지가 완전히 회복될 수 없었던 것이다. 얼마 후 보러의 후임자가 베를린으로 왔다. 우리는 모빙이 성공한 사례를 보게 된다. 보러 사건은 말끔히 해결되었고, 이제 다른 대사가 그의 자리를 차지하게 된 것이다.

대상을 정확하게 겨누어 소문을 퍼뜨리는 게임은 정치에서 흔히 볼 수 있다. 유명인사라면 더욱더! 당신도 이런 사람들을 본보기로 삼으면 될 것이다. 소문을 퍼뜨리는 것은 효과도 좋을 뿐 아니라 재미까지 있다!

그런데 왜 소문내기 뒤에 '외교'라는 말을 붙였을까?

외교관이란 까다로운 상황에서도 주의 깊게 일하고, 필요하다면 우회로를 거쳐 일하는 재주가 있는 사람으로 알려져 있다. 소문에 휩쓸리지 않고 오히려 소문의 주도권을 잡는 것은 기술, 아니 '예술'이라고 할 수 있다. 작은 물방울도 계속 떨어지면 마침내 바위를 뚫는 법. 추측이 난무하면 난무할수록 그것은 사실로 보이게 마련이다. **소문외교는 주도면밀한 계획과 철저한 준비가 필요하므로 시간을 갖고 치밀한 작업에 들어가야 한다.**

먼저 실행 목표를 정확하게 조준한 다음, 당신의 라이벌에 대한 터무니없는 소문을 공공연하게 퍼뜨려줄 인물을 결정해야 한다. 스캔들을 퍼뜨리기 위해서는 섬세한 감각과 창의력이 필요하다. 그러므로 혀가 얼얼할 정도로 매운 음식같은 소문을 준비할 때, 조금의 긴장도 풀어서는 안 된다. 그렇지 않으면 오히려 당신이 해를 입을 수 있는 것이다.

소위 말하는 '신중함'은 고도의 외교적 기술이며, 당신의 말에 신뢰성을 부여하기 원한다면 반드시 지켜야 할 원칙이다. 공범자에게 그 정보를 혼자만 알고 있어야 하며, 다른 사람에게 말해서는 절대로 안 된다고 누차 강조해야 한다. **물론 당신**

**은 잡담과 소문을 여기저기 옮기기로 유명한 사람을 공범자로
선택해야 할 것이다.**

　공범자에게 말을 전할 때에는, 손짓과 몸짓을 동원하여 당
신이 이 소문 때문에 충격받았다거나, 혹은 분노와 모종의 쾌
감을 느꼈다는 사실을 알 수 있게 해야 한다. 먼저 그에게 가까
이 다가가 조용히 말한 다음 눈짓으로 대화한다. 끝으로 잊어
서는 안 될 점은, 말을 마친 후 상대의 어깨를 가볍게 치거나
악수를 나누는 일이다. 단, 다른 사람에게 이런 모습이 들키지
않도록 조심해야 한다. 그렇지 않으면 사람들이 소문의 진원
지를 당신으로 지목할 수도 있다.

　어떤 인물을 선택하여 소문을 퍼뜨릴지는 당신이 세운 목적
에 따라 달라진다. 당신의 라이벌이 보는 앞에서 비열한 미소
를 지으며 직접 소문을 말해야 하는 경우도 많다! 가령 경쟁자
인 동료가 직장에서 승승장구하는 것을 막고 싶으면, 그에 대
한 나쁜 소문을 퍼뜨려 회사에 대한 그의 충성심과 능력에 의
문이 생기도록 만들어야 한다. 이때 그의 사생활을 공격하는
것이 특히 효과가 우수하다.

　그의 재정상태가 엉망이라든가, 첫아이는 결혼하지 않고
낳은 아이라든가, 밤마다 부부싸움을 해서 이웃들이 싫어한다
는 등, 직장과는 관련이 없지만 동료들이 지대한 관심을 가질
만한 사생활 문제를 들먹이는 것이다.

가능하면 소설을 쓰듯 소문을 지어내야 한다. 당신의 라이벌은 사생활이 복잡하고 문제가 많지만, 일할 때는 완전히 다른 사람으로 돌변하기 때문에 지금까지 우리 모두 감쪽같이 속았다고 말한다. 그러면 동료들과 상사가 믿을 수 없다는 듯한 표정을 짓겠지만, 내심 자신들의 기존 생각에 약간의 의심을 하기 시작할 것이다. 그때부터 사람들은 소문의 진위를 증명해줄 수 있는 간접증거를 찾기 시작한다.

결과적으로 당신의 경쟁자는 자신을 관찰하는 불쾌한 시선으로부터 자유롭지 못하게 된다. 그가 자신을 대하는 분위기가 변한 것을 눈치채게 될 것이고, 신경이 예민해져서 실수를 저지를 수 있게 된다. 이렇게 되면 사람들은 소문이 진실이라고 고개를 끄덕일 것이다.

이런 상태가 얼마간 지속되면 당신의 라이벌과 접촉하는 사람이 줄어들게 되고, 모두 그를 피할 것이다. **이제 그의 주변에는 아무도 없다. 이런 상황을 견딜 수 없게 된 그는 다른 부서나 직장으로 옮길 생각을 하게 된다.** 반대로 당신은 성공할 가능성을 다시 찾게 되고, 승진의 사다리를 탈 수 있다.

다른 동료와 연대하는 전략

혹시 당신은 혼자서 싸우는 편인가? 당신이 안고 있는 문제를 가장 멋지게 해결해줄 변호사가 오직 자신이라고 믿고 있는가? 그렇다면 당신은 에너지를 헛되게 소모하고 있는 것이다. 다른 사람이 얼마든지 당신을 위해 싸워줄 수 있는데, 왜 당신 스스로 싸우려 드는가?

협회나 정치적인 정당 같은 곳에서 활발하게 일해본 사람이라면, 동지의 존재가 얼마나 중요한지 잘 알 것이다. 연례모임이나 전당대회가 열릴 때, 그냥 강단으로 올라가 감동적인 연설을 하면 대표로 선출될 수 있다고 믿는 사람은 매우 순진한 편이다. 자신을 지지해주는 사람이 없으면 아무 것도 이루어지지 않으며, 지지자를 만들기 위해서는 선거일 훨씬 이전부터 노력해야 한다.

당신은 친구와 동료들이 기초작업을 하도록 내버려두고, 가능하면 연대 세력을 넓히는데 신경 써야 한다. 드디어 성공이 결정되는 순간, 당신 혼자 카메라 세례를 받으면 된다.

당신을 위해 일해줄 팀이 있으면, 모든 것이 훨씬 수월하다. 모빙을 할 때도 예외가 아니다. **팀이 대신하여 당신의 적대자와 맞서 있는 상태라면, 당신은 모빙의 대가라고 불릴 자격이 있다.** 이때 당신이 해야 할 일은 별로 없다. 라이벌은 스스로 손을 들게 되고, 결국 당신이 스타가 되는 것이다.

이렇게 되기 위하여, 당신은 우선 개별적으로 인간관계를 다지는 작업을 해야 한다. 당신과 뜻을 같이하는 동지 한 사람 한 사람을 모으고, 이들과 신뢰할 수 있는 각별한 관계를 구축해야 한다. 이들이 바로 필요하다면 언제라도 당신을 위해 투입되는 팀이 된다.

자, 이제 소문이라는 음식을 요리하기 위하여 준비해야 된다. 먼저 당신의 경쟁자에 대한 소문을 이야기하면서 그를 비난하기 시작한다. 이때 '우리끼리니까' 하는 말을 반드시 언급하는 것이 좋다. 이처럼 **이간질을 시작하는 단계에서는 당신이 직접 경쟁자와 경험한 사건이 아니라, 다른 사람에게 전해들은 이야기만을 전해야 한다.** 아니면 당신 스스로 꾸며낸 이야기도 상관없다. 이렇게 해야 당신이 나중에 책임질 뒤탈이 없게 된다.

이밖에도 당신의 말이 더 큰 설득력을 얻으려면 이렇게 한다. 즉, 당신이 이런 이야기를 전하는 이유가 자신의 이익 때문이 아니라, 단체(회사, 가족)를 위한 의무감 때문이라고……. 정당한 명분은 아무리 강조해도 지나치지 않다.

이런 경우를 한번 상상해보자. 당신이 오랫동안 노력해서 얻어낸 회장자리를 두고 문제를 제기하는 동료가 있다, 반대로 당신이 그 자리를 탐낸다고 생각하며 당신을 두려워하는 동료가 있다고 치자. 이 문제가 하나의 중대한 사건으로 발전하려면, 당신이 아닌 바로 그 동료가 아웃사이더이어야 한다. 물론 그도 몇몇 회원들과 긴밀한 유대관계를 맺고 있을 것이다. 이때 당신이 할 일은 그의 편을 드는 사람들이 추종할 만한 지도 자가 없다고 느끼게 만들어야 한다(이런 상황은 직장에서 상사뿐 아니라 동료간에도 생길 수 있다).

이제 당신은 다른 동료와 연대하는 전략을 사용하여 경쟁자를 몰아내야 한다. 이 방법은 끌어안기 전략을 완벽하게 보완할 수 있다. 다시 말해 당신이 회원들을 서로 이간질시키는 대신, 연대감을 통해 자신의 편으로 끌어들임으로써 경쟁자를 따돌릴 수 있다.

모빙에 능숙한 사람들은 상황에 따라 적절한 전략을 선택하기 위해, 자신의 주변과 경쟁자를 면밀히 관찰한다는 사실을 곧 알게 될 것이다.

무엇보다 다른 사람이 당신의 경쟁자를 어떻게 생각하는지부터 파악해야 하는데, 그들에게 부담스럽지 않은 질문이나 자신의 소견을 말하는 것으로 시작하자. 예를 들어 당신의 경쟁자가 말을 마치면, 옆사람에게 이렇게 말하는 것이다.

"저 친구 요즘 정신이 나간 것 같네. 예전에는 저런 실수를 하지 않았는데, 어쩌자고 저러지? 딱하구만!"

이렇게 말한 후 상대가 어떤 식으로 반응하는지 보면, 그를 동지로 삼아도 좋을 것인지, 그렇지 않은지를 쉽게 구분할 수 있다. 그리고 앞으로 어떻게 해야 할지도 예상된다. 만일 상대가 반박을 하면, 이 사람은 당신의 라이벌을 좋아하고 있다는 증거이다. 그러니 더이상 그에게 솔직할 필요가 없다.

처음 이런 시도를 했을 때 상대가 당신의 경쟁자를 좋아하고 있다는 사실을 알게 되더라도 실망하지 말라. 이 사실을 아는 것도 당신에게 중요한 정보가 된다. 그리고 당신이 계획한 다음의 일을 위해 그의 이름을 지워서는 안 된다. **오랫동안 서로 친하게 지내던 사람들도 지속적으로 자극을 가하면, 심중에 두고 있던 적의를 드러내는 경우가 많다.** 그러니 당신 자신을 믿고 꾸준하게 행동해야 한다.

이번에는 태연한 자세로 보다 강도 높은 행동을 해보자. 가령 얼굴 가득히 걱정스러운 표정을 지으면서, 당신의 눈엣가시 같은 동료가 더이상 회사에서 버틸 수 없을 거라는 소문을 들었다고 전한다. 벌써 후임자 선임에 대한 얘기가 나온다고 말이다.

과연 누가 게임에 진 사람의 편이 되겠는가? 당신이 제공하는 정보는 당신이 세력을 갖고 있다는 표시가 된다. 사람들은 머지않아 가라앉는 배와 같은 당신의 라이벌을 버리고, 당신을 따르게 될 것이다. 지나간 연대를 깨고 새로운 연대를 맺기 위해서 말이다.

만약 당신이 이 단계까지 일을 해냈다면, 이제 개별적으로 당신을 신뢰하는 사람들을 하나의 네트워크로 연결시켜, 서로 돕는 집단으로 만들 차례이다. 그들을 호프집으로 초대하거나, 휴식시간에 휴게실 같은 곳에 모이게 한다. 이때 당신의 라이벌은 당연히 이곳에 없어야 한다. 반면 당신의 편을 드는 사람들은 서로 누구인지 알아야 한다. 이들이 같은 의견을 가지고 있고, 우리라는 감정을 지니게 되면 연대의식은 더욱 단단해지기 때문이다.

이렇게 애써 정성을 들인 조직은 당신이 경쟁자와 대면하는 순간마다 훌륭한 지지대가 되어준다. 예를 들어 선거를 하게 될 경우, 당신의 라이벌은 자신은 이미 자신감을 잃고 당신과 대항해도 아무 소용이 없다는 것을 알아차리고, 어쩌면 스스로 물러설 수도 있다.

새로운 친구들과 튼튼한 연대를 맺지 못한다면 원하는 권력을 얻지 못한다. 따라서 그들에게 친절을 베풀고 고마움을 표시하되, 지나치게 맹신하는 우를 범하지는 말아야 한다. 예전이나 지금이나 이 속담은 여전히 유효하다.

"신이시여, 친구들로부터 저를 보호하소서!"

게임규칙을 무시하고 바꾸는 전략

이번 주말에 당신은 친구들과 함께 모노폴리, 바둑,카드 등 재미있는 게임을 벌인다고 가정해보자. 그런데 하는 게임마다 계속 지는 것이다. 당신은 창피하고 억울해서 어떤 식으로든

이기고 싶은 마음이 굴뚝 같다. 게임을 할 때마다 이길 수 있다면 삶은 정말 아름다울 텐데 말이다.

다음 주말, 당신에게 불운이 연속적으로 일어난다. 당신이 이길 만한 다른 게임을 친구들에게 제안해보지만, 당연히 그들은 이 제안을 받아들이지 않는다. 게임에서 이겼는데……, 그 기쁨을 좀더 오래 누리고 싶은 것이다.

한편 게임을 지켜보던 사람은 당신의 불운을 고소해 한다. 솔직히 말해, **남의 불행을 보는 것만큼 사람을 즐겁게 해주는 것이 없다. 당신 역시 그런 경험을 해보았을 것이다. 인간이란 그렇듯 악랄한 존재이다.**

이해심이라고는 눈곱만큼도 없는 이런 분위기에 당신은 적잖이 실망할 것이다. 화도 치밀어오른다. 하지만 분노가 치밀어 폭발할 것 같은 속마음을 숨기고, 겉으로는 자신의 패배를 기꺼이 수용하는 사람처럼 행동해야 한다. 할 수만 있다면 게임규칙을 바꾸고 싶겠지만 그렇게 할 수는 없다. 좋든 싫든 게임규칙을 받아들여야 하는 것이다.

다행스럽게도 삶이라는 게임은 이것보다 훨씬 수월하다! 인생을 사는데도 규칙이 있기는 하지만, 어떤 규칙이든 당신이 원하면 바꿀 수 있는 것은 물론, 그 규칙에 순응하거나, 싫으면 아예 없애버릴 수도 있다. 이렇게 하면 당신에게 좋은 기회가 더 많이 생긴다. 만일 상대를 설득하여 게임규칙을 바꾸는데 성공한다면, 당신은 단순한 배우가 아니라 감독이 되는 것이다. 결과는? 당신이 예상한 대로 될 것이다.

다음과 같은 상황에 처하면 반드시 이 전략을 사용해 보라!

첫번째 경우

몇년 동안 아주 빠르게 성공가도를 달려온 당신은 오랫만에 숨돌릴 여유를 찾는다. 전처럼 친구나 주변사람을 잘 챙기지 않고, 직장에서도 적극적으로 움직이지 않는다.

갑자기 돈, 명성, 권력 등이 그다지 중요하게 보이지 않는다. 어쩌면 당신의 육체에 병이 들었을지도 모르고, 혹은 삶의 위기를 극복하는 과정에 있는지도 모르겠다. **삶에서 진정 중요한 문제가 무엇인지 깊이 생각하기 위한 시간이 필요하다.** 이런 위기는 당신뿐 아니라 누구에게든 일어날 수 있으며, 그리 심각한 일도 아니다. 자동차경주대회 포르멜에서도 작전타임이 있지 않은가. 항상 바쁘게 움직이는 것보다, 때로 바닷가에서 태양빛을 즐긴다면 삶이 더 아름답지 않겠는가?

두번째 경우

지금까지 당신은 한번도 승진하고 싶은 마음을 품은 적이 없었다. 그런데 어느 날 갑자기 게으른 삶을 떨쳐버리고, 명예욕을 품게 된다. 계기는 새로 입사한 예쁘고 능력 있는 여직원 때문이다. 야심에 찬 그녀가 당신을 앞지르기 전에, 그녀보다 먼저 승진하고 싶은 마음이 저절로 든다. 어쩌면 이렇게 해서 그녀를 유혹하고 싶은 건지도 모르겠다.

성공이라고는 염두에 두지도 않고 살던 당신이 마음을 바꾸게 된 또다른 이유는, 당신이 아주 싫어하는 사람이 사장이나 이사장, 혹은 당의 총재가 되었기 때문일 수도 있다. 이 상황을 바꿔버리고 싶은 마음이 당신에게 찾아온 것이다.

세번째 경우

당신은 복잡한 인간관계에 빠져 있다. 남편(아내)은 끔찍한 이기주의자이며, 당신이 원하는 것은 무엇이든 반대한다. 당신은 자신의 삶을 뜻대로 결정하지 못하고, 마음씨 좋은 당신을 사람들이 악랄하게 이용한다. 당신은 이제 자신을 방어해야 한다. 그것도 가능하면 신속하게 말이다. 무엇보다 당신은 앞으로 어떻게 해야 할지 딱 부러지게 결정하고 싶을 것이다. 그렇지 않은가?

타이밍을 놓치기 전에 당신이 먼저 공격해야 한다. 당신에게 유리하도록 게임규칙을 바꾸는 것이다. 만일 당신이 첫번째 혹은 두번째 경우에 처해 있다면 어떻게 해야 할까?

직장의 동료나 직원들은 당신이 잠시 휴식하는 시간을 자신에게 유리하도록 만들려고 애쓸 것이다. 우선 당신은 친구와 적을 명확하게 구분하는 작업부터 시작해야 된다.

당신에게 충분한 존경심을 보이지 않고, 당신을 인정하지 않는 사람이라면 바로 당신의 적이다. **당신과 경쟁하는 사람들은 예외 없이 당신의 성공을 시기한다.** 그들은 구내식당이나 회의시간에 당신의 얼굴만 보아도 시기심에 가득 차 인상을 찌푸리고, 인사도 친절하게 건네지 않을 것이다.

그럴수록 당신은 쿨하게 행동해야 한다. 당신이 무언가 꾀하고 있다는 사실을 그가 눈치채지 못하도록, 당신의 경쟁자로 하여금 가능하면 오랫동안 자신이 안전하다고 생각하도록 만들어야 한다. 그동안 당신은 게임규칙을 바꾸거나 무시할 수 있는 여러 가지 가능성에 대해 은밀히 연구해본다.

반드시 경쟁자를 — 상사이든 동료이든 상관없다 — 명쾌하게 파악한 다음, 일에 착수해야 한다. 이때부터 정글의 법칙이 통용된다. 새롭게 정한 업무수칙, 재교육, 구내식당의 영업시간, 중요한 사업파트너와의 약속, 업무분담, 문서담당자의 작업시간 등등. 이 모든 정보를 절대로 경쟁자에게 알려주면 안 된다. 물론 고의적으로 숨겼다는 인상을 주어서도 안 된다. 다시 말해 새로운 정보는 숨기고, 불완전한 과거의 지시사항만 전해주는 것이다.

이때 내 편에 있는 동료와 직원들도 합세하도록 유도한다.

우선 누구를 어느 정도 신뢰할 수 있는지 분류한 다음, 당신의 전략에 동지들을 하나 둘 끌어들이도록 한다. 머지않아 당신을 반대하는 모든 적들은 영향력을 잃게 될 것이다. 이들 가운데 어느 누구도 유효한 규칙과 그렇지 않은 규칙이 무엇인지 모르기 때문이다.

과제나 담당 분야가 분명하지 않으면 경쟁자는 금세 굴복하고 만다. 결국 회사일이 어떻게 돌아가는지 파악하고 있는 사람은 당신밖에 없을 것이다. 왜냐하면 **당신이야말로 게임규칙을 무효로 만들거나 이를 바꾼 주인공이기 때문이다.**

어쩌면 당신이 세번째 경우에 처했을 때, 즉 당신의 삶을 스스로 결정하지 못할 때, 이런 전략을 사용할 수 있다고 생각할지도 모르겠다. 이 무슨 착각인가! 이 전략을 어떻게 사용할지 지금부터 안내하겠다.

자, 앞에서 말했듯이 당신의 배우자가 모든 것을 마음대로 결정한다. 사소하게는 점심메뉴부터 크게는 휴가문제까지, 자동차를 구입하는 일부터 아이들의 교육문제에 이르기까지 말이다. 모든 것이 당신의 동의와 상관없는 규칙에 따라 돌아간다. 당신은 어쩐지 의기소침해지고 억눌린 느낌을 갖게 된다. 애초 당신은 결혼생활에 많은 기대를 했지만, 현실은 정반대로 돌아가고 있다. 처음에 당신은 이성적인 대화로 문제를 해결하려 노력해보지만 아무런 효과가 없다. **이럴 때는 규칙**

을 뒤집는 수밖에 별다른 방법이 없다. 바로 일상의 규칙을 흔드는 것이다!

당신은 이미 정해져 있는 일상의 규칙을 모조리 거부해야 한다. 다시 말해, 당신의 배우자가 원하는 것과 정반대로 행동하라는 뜻이다. 배우자에게 미리 알려주어서는 절대로 안 된다! 다른 식구들, 가령 당신의 부모나 자녀, 형제에게는 지금부터 당신이 완전히 새로운 방식으로 살아가겠노라고 선언한다. 평소 당신의 고충을 짐작하고 있는 이들은 당신을 이해하고도 남을 것이다.

이제부터 당신은 다음과 같이 행동하면 된다.

- 지금껏 당신의 배우자가 매일 아침 따뜻한 밥을 먹었다면, 이제부터는 통밀빵과 우유를 먹도록 메뉴를 바꾼다.
- 배우자에게 절대로 늦어서는 안 될 중요한 약속이 있을 때, 당신은 오랫동안 샤워하면서 그(그녀)가 화장실을 사용하지 못하도록 한다.
- 배우자가 불을 꺼야만 잠들 수 있는 사람이라면, 당신은 새벽까지 독서를 한다.
- 배우자가 피곤해서 낮잠을 자려고 하면, 음악을 크게 틀어놓고 감상에 들어간다.
- 배우자와 약속한 시간에 절대로 집에 들어가지 않는다. 함

께 쇼핑을 하거나 잔디를 깎기로 한 약속, 부모님댁을 방
문하기로 한 약속 등도 모두 잊어버린다.

🏃 배우자가 바닷가나 섬에서 조용한 휴가를 보내기 원한다
면, 당신은 알프스 등반이나 나폴리에서 레프팅하는 휴가
를 예약해놓는다.

🏃 주말마다 배우자의 신경을 거슬리게 하는 손님들을 차례
로 초대한다.

이때 핵심 포인트가 있다. 이렇게 변한 당신이 절대로 사과
하거나 변명을 해서는 안 된다는 것이다. 당신의 삶을 사는 습
관과 규칙은 당신이 결정하는 것 아닌가!

어쩌면 당신은 기존의 규칙을 뒤엎는 것에 대하여 두려움을
가질지도 모른다. 물론 충분히 있을 수 있는 일이다. 새로운 길
을 가는 당신에게 상대가 어떻게 반응할지 모르기 때문이다.
하지만 그다지 걱정할 필요가 없다. 얼마 후 상대는 두 손을 번
쩍 들고 당신에게 항복해올 것이며, 당신의 뜻을 따를 것이다.
이런 경우는 셀 수 없이 많고, 세계적으로 유명한 사람들도 예
외가 아니다.

**찰스 황태자의 아내였던 다이애나는 게임규칙을 바꾸는 대
가였다. 그녀가 이 전략을 사용한 결과, 엘리자베스 2세 여왕
은 그녀에게 무릎 꿇고 존경을 표했다.** 물론 다이애나의 무덤

앞이었지만.

황태자비 다이애나는 수천년 동안 내려오던 왕실의 법도를 하나씩 어겨나갔다. 그녀는 왕가의 기호와 약점을 언론에 알려주었으며, 그들만의 연애관계, 거식증, 사소한 다툼에 대해서도 낱낱이 공개했던 것이다.

다이애나는 일반적으로 지켜야 할 선을 기꺼이 넘어갔으며, 남편을 궁지에 빠뜨리기도 했다. 그리하여 비밀리에 사생활을 즐겼던 찰스뿐만 아니라 '사악한' 시어머니도 황태자비를 고통스럽게 만든 책임을 져야 했다. 이로 인해 다이애나는 국민들에게 박수갈채를 받았지만, 다른 왕족들은 보수적이고 시대에 뒤떨어졌다는 평판을 들어야 했다. 단지 전통적으로 내려오던 왕가의 규칙을 따랐다는 이유로 말이다.

다이애나가 불행한 죽음을 맞이하자, 그녀의 팬들은 너무나 슬퍼했다. 왕실은 대중이 원하는 대로 행동할 수밖에 없는 사태에 이르렀다. 원하든 원치 않든 왕가는 비통한 표정을 지어야 했고, 여왕은 다이애나의 관 앞에 머리를 조아려야 했다. 만일 그렇게 하지 않았다면, 경우에 따라 영국 왕실은 모빙을 당해 쑥대밭이 되었을지도 모른다.

고귀한 왕가에서도 증명되었듯, '게임규칙을 무시하고 바꾸는 전략'은 삶의 모든 영역에서 활용된다. 이 전략을 성공적으로 사용하는 사람은 지도자적인 위치를 굳힐 수 있다. 한마디로 조정이 가능한 게임규칙이 있는 곳이면, 어디에서나 적용할 수 있는 전략이다.

- 가까운 친구나 직장동료 사이
- 대학 등 모든 학교
- 당구, 테니스, 헬스 · 골프 클럽
- 동호인 그룹
- 단단하게 짜여진 전통적 가족구조
- 정당과 시민단체
- 교회, 절 등 종교단체
- 문화센터 등 취미활동 클럽
- 직장 노조
- 작가, 화가, 축구인 등의 협회

물론 이밖에도 더 있지만, 어떤 분야에서 이 전략을 적절하게 사용할 수 있을지는 당신에게 맡기겠다. **용기를 가지고 임하면 성공은 보장된 것이나 다름없다!**

심리적 테러 전략

우리가 살고 있는 세상은 결코 아름답기만 한 곳이 아니다.

이웃사람을 만나거나 차를 몰고 거리에 나가보라. 도처에서 씁쓸한 미소가 우리를 기다리고 있다. 그야말로 스트레스를 받을 만한 상황이 널려 있는 것이다. 그러니 과연 누가 빌헬름 텔의 말을 이해하지 못할까.

"못된 이웃이 신경을 긁어놓으면, 아무리 부처님 같은 사람이라도 평화롭게 살지 못한다."

이렇듯 우리의 삶에 훼방을 놓는 사람들이란 어디에나 있기 마련이다. 이들은 누가 성공하거나 행복을 누리는 모습을 가만히 보고 있지 못한다. 우리의 직업, 날씬한 몸, 매력적인 배우자, 혹은 우리의 아름다움이나 건강을 시기하는 자들은, 자신이 그다지 중요한 인물이 되지 못하고 평범하게 사는 것에 만족하지 못한다. 때문에 행복과 평화로운 삶을 지키기 위하여 우리는 이들로부터 자신을 보호해야 한다.

'심리적 테러'라는 모빙 전략은 이처럼 우리를 녹초로 만드는 사람들과 싸워야 할 때 가장 적절한 전략이다. 특히 이혼이 진행되는 과정에서 사용해도 좋고, 시어머니나 학교의 선생님과 불화가 생겼을 때, 혹은 여행에서 분위기를 망치는 사람에게도 적합한 전략이다.

'심리적 테러'란 인간들 사이에서 수시로 일어나는 게릴라전을 위해 합법적으로 동원할 수 있는, 약간 얄밉고 사악한 방법이다.

당신의 주변에서 얼굴도 마주치기 싫은 사람이 틀림없이 있을 것이다. 그렇다고 미안해 할 필요가 없다. 이런 사람은 당신의 자유를 방해하고, 당신의 평화롭고 행복한 삶을 짓밟는 일이라면 무슨 일이든 가리지 않고 한다. 이러한 상황에서 당신이 양심의 가책 따위를 가질 필요가 전혀 없다는 것이다. 이때 사소하지만 조금 비열한 테러행위를 통해 경쟁자의 내부로 침투하는 것이 좋다.

먼저 당신을 괴롭히는 자가 절대 참지 못하는 것이 무엇인지 약점을 파악하는 일에서 출발해야 한다. 그후 어떤 항목도 잊어버리지 않도록 리스트를 작성해놓는다.

- 소음에 대한 민감성
- 아름다움에 대한 기준
- 예의, 준법성
- 조화, 균형감각
- 음악적 취향
- 수면 습관
- 정치적 입장
- 귀가 습관
- 냄새에 대한 민감성
- 일에 대한 태도

＊ 윤리적 성향

＊ 레저에 대한 욕구

일단 리스트를 완성했다면, 공격할 수 있는 모든 수단을 갖추게 된 것이다! 이제 당신은 갖가지 방법을 동원할 수 있다. 먼저 '냄새에 대한 민감성'이라는 항목부터 살펴보자.

당신이 근사한 집을 새로 장만했거나 최신형 자동차를 뽑았는데, 아무런 축하도 해주지 않는 이웃이 있다고 치자. 그런데 어느 날 당신이 코를 잔뜩 찡그리면서 쓰레기차 옆을 지나가고 있는 이웃의 모습을 보았다면, 그것을 적절하게 이용한 방법으로 그를 골려줄 수 있다. 다름 아닌 **심리적인 테러를 가함으로써 그에게 한방 먹이는 것이다.**

예를 들어 쓰레기 봉투를 그의 담장에 쌓아두는 것이다. 가능하면 침실이 가까운 곳에 말이다. 그리고 당신의 정원에 쌓인 낙엽을 태우려 한다면 일부러 지독한 냄새가 나는 석유를 뿌리는 것이다. 집의 정원이 넓다면 염소나 강아지 따위를 키워 냄새를 피우는 것도 좋은 방법이다.

버스나 기차로 여행할 때 분위기를 망치는 사람이 있다면, 지독한 향기가 나는 향수를 뿌리거나, 마늘이나 발냄새가 나는 치즈를 꺼내서 먹는 방법도 있다.

세미나에서는 샤워를 하지 않고 참석하거나, 로션 따위를 전혀 사용하지 않는다. 그러면 당신과 뜻이 맞는 사람들만 당신 곁에 앉는다는 사실을 알 수 있을 것이다.

리스트에 또다른 흥미로운 항목으로 윤리적 성향이라는 것이 있다. 만일 당신의 이웃이 지나치게 고상을 떠는 사람이라면, 정원에서 시끄러운 파티를 열고 건달들과 고상 떠는 이웃을 함께 초대한다. 이런 일이 그다지 마음에 들지 않으면, 기회가 생길 때마다 점잖은 체하는 이웃에게 음란한 잡담을 늘어놓고 포르노 잡지도 보여준다. 그러면서 당신의 성생활을 공공연하게 떠들어대는 것도 효과적이다.

심리적 테러는 실행하기 쉽고 특별히 준비할 것도 없다. 가령 귀청이 찢어지도록 음악을 크게 틀어놓거나, 이웃의 정원에 빈 맥주병을 버린다거나, 혹은 늦은 저녁시간에 전기톱을 사용하거나 드릴을 사용하면 된다. 또는 쓸데없는 일로 트집을 잡고, 기분 나쁜 말을 던지고, 적절한 때에 비꼬거나 썰렁한 농담을 하면 된다.

사람이 많은 장소에서 돼지 먹따는 소리로, 당신을 괴롭히는 자의 부인이 88 사이즈를 입으면 딱 맞겠다고 떠들어댄다. 또한 경쟁자에게 자동차를 사느라고 얻은 빚은 이제 다 갚았는지 동료들 앞에서 물어보는 것도 좋다. 마지막으로 당신이 마음속으로 경쟁자라고 여기는 자에게, 현재 그가 바람 피우고 있다는 사실을 인정하라고 종용하는 것이다. 그러면서 피의자로 이혼소송에 나가면 재정적인 파탄을 맞이할 수 있다고 슬쩍 귀띔해준다.

이밖에도 좋은 아이디어는 얼마든지 있다. 무엇이든 당신이 원하는 것으로 공격하면 된다.

몸을 이용한 감성적 전략

이 제목을 읽고 당신은 어떤 상상을 하는가? 유감스럽지만 당신이 생각하는 그 방법이 아니다. 대통령의 연인이었던 마릴린 먼로나 모니카 레빈스키에 대한 내용은 뒤에서 다룰 것이다. 다만 여기서 한 가지 분명히 할 점이 있다. 즉, 당신의 경쟁자가 오로지 머리로만 생각하는 사람이 아니라, 감정과 성적인 욕구, 그리고 다양한 꿈을 지니고 있는 존재라는 사실 말이다. **만일 머리만으로 문제를 해결할 수 없다고 판단이 설 때, 이 전략을 사용하면 된다.**

직장생활이나 사생활 속에 몸을 적절하게 투입한다면, 당신은 권력의 노른자위를 차지할 수 있다. 사실 상대에게 긍정적 인상을 주는 것은 언제 어디서나 이롭게 작용한다. 이때 우리는 자신의 감정을 잘 다스려 스타가 되려고 노력해야 한다. 타인에게 호감을 불러일으키고 매력적이라는 이미지를 만들어두면, 모든 사람들에게 인정받고 사랑받기 쉬워진다.

만약 직장에서 당신을 방해하려는 공작이 엿보인다면, 약간의 감정을 투입함으로써 쉽게 무산시킬 수 있다. 때때로 자신의 감정을 살짝 드러내는 것은, 지금까지 나를 아껴주던 사람은 물론 새로운 사람들로부터도 사랑받는 방법이다.

이럴 경우 위선적으로 보여서는 곤란하며, 눈물을 글썽이는 정도가 좋다. 그런 행동을 본 모든 사람이 당신의 타고난 천성이라고 여길 수 있도록 최대한 사랑스럽고 자연스럽게 행동해야 한다. 고개를 끄덕이거나, 눈짓을 하거나, 혹은 "예" 또는 "아, 그렇군요"라고 맞장구를 쳐주면서, 이해심이 풍부하다는 점을 적극적으로 보여주어야 한다. 말을 잘하되, 당신에 대한 이야기보다 경쟁자의 장점을 얘기하도록 한다. 이런 식으로 행동하는 당신에게 사람들이 매력을 느낀다면, 아무도 당신을 비판하지 못할 것이다.

머지않아 당신이 겨냥한 사람은 자신이 당신의 이해와 존중을 받고 있다고 생각하게 된다. 또한 당신이 자신에게 호감을 지니고 있으며, 진실로 세심하게 배려해준다고 믿게 된다. 이때 당신의 정직함은 문제가 되지 않는다. **사랑의 감정조차 유희일 때가 많다. 그러니 어떠한 경우에도 당신의 목적을 잊어서는 안 된다.**

만일 경쟁자로부터 애인을 빼앗고자 한다면, 당신은 자신이 이해심이 넉넉한 사람이라는 것을 보여주어야 한다. 한마디로 경쟁자의 약점을 최대한 이용하는 것이다. 가령 경쟁자가 무심하고 수줍음이 많은 사람이라면, 자신을 열정적으로 표현하는 것이 보다 효과적이다. 그녀가 당신에게 관심을 집중하도록 만들어야 한다. 그런 다음 연락을 취해 언제라도 도와줄 의사가 있음을 알려야 하고, 둘 사이에 공동체의식 같은 것을 심어준다. 그녀는 기꺼이 고무신을 거꾸로 신고 당신을 선택할 것이다.

만일 당신이 직장에서 연애관계에 빠져들게 된다면 반드시 명심해야 할 점이 있다. 즉 절대로 덫에 걸려서는 안 된다는 것이다. 그전에 「아~ 침대 안의 적!」이라는 부분(이 책의 4부에 있다)을 반드시 읽어보도록 하자. 그렇지 않으면 경우에 따라 통찰력을 잃게 되고, 어려움에 처할 수도 있다.

몸을 투입하여 감성적으로 표현하는 전략은, 당신이 이 게임에 어느 정도 몰입하느냐와 상관없이 비상한 효과가 있다. 이 전략은 모빙 전략 가운데 가장 중요한 것은 아니지만, 없어서는 안 될 중요한 전략이다.

이런 점에서 새미 몰호(Samy Molcho)가 당신에게 유익한 힌트를 제공할 것이다. 그는 세계적으로 유명한 판토마임 배우이자, 몸으로 표현하는 분야에서 대가 중의 대가이다. 기회가 되면 새미 몰호의 책을 한번 보길 바란다. 이 책을 보면 굳이 거창하게 떠들지 않더라도 손, 입, 눈, 다리, 머리, 가슴,

엉덩이로 모든 것을 말할 수 있게 된다. 바디 랭귀지를 조심스럽게 사용하면 모빙이 훨씬 쉬워진다! 또한 굴복하는 마음, 불안한 상태, 멍청한 시선과 지루한 태도 등을 감추고자 할 때도 도움이 된다.

미국의 학자들은 신체에서 무의식적으로 내보내는 신호를 통해, 그가 지닌 능력을 알 수 있다는 흥미로운 실험을 했다. 그들은 12명의 범죄자에게 한편의 필름을 보여주었다. 그것은 복잡한 시내를 걷고 있는 60명의 보행자가 등장하는 필름이었다. 강도들에게 보행자가 걷는 방식을 보고, 그가 자신에게 대항할 인물인지 아닌지를 판단하라고 주문했다.

강도들은 이구동성으로 대답했다. 보행자 가운데 가장 쉽게 물건을 훔칠 수 있는 사람은, 뻣뻣하게 성큼성큼 걷거나, 잔걸음으로 재게 걸으면서 땅을 자주 내려다보고, 어깨를 추켜세운 자들이라고. 반대로 똑바른 자세로 힘차게 걷는 보행자는 '곤란한 사람'으로 분류했는데, 이들에게서 소지품을 훔치는 일은 거의 불가능하다고 했다.

기본적으로 우리 모두는 신체를 통해 정확한 신호를 보낼줄 안다. 이를 통해 두려움에 떨고 있는 사람은 자부심으로 가득 찬 적극적인 사람과 구분된다. 낮은 목소리와 아래로 향한 시ㅈ선은 자신감의 부족으로 해석할 수 있다. 크고 힘찬 목소리는 정반대를 의미한다. 인격에 어떤 문제도 없는 사람이 몸을 꼿꼿하게 세우고 똑바로 걷는다. 그런가 하면 빠른 걸음걸이는 실천력과 단호함이 있다는 것을 말해준다. 불안하고 결정을 잘 내리지 못하는 사람은 어깨를 축 늘어뜨리고, 호주머니에 손을 찔러넣은 채 천천히 소리 없이 걷는다.

모빙을 잘하려면, 불안한 제스처를 보여서는 안 된다. 아무리 스트레스를 받고 있는 상태라도, 당신은 대화를 나눌 용의가 있으며 협력할 준비가 되어 있다는 표시를 몸으로 분명하게 보여주어야 한다. 그리고 적대적 관계에 있는 사람을 볼 때에도 그 사람의 시선을 똑바로 쳐다보아야 한다.

다음에 소개하는 몸에 대한 모빙의 기본 원칙을 명심하자.

1) 모빙하고자 하는 대상을 시야에서 놓치지 않는다. 잠시 한눈을 팔아도 당신에게 치명적인 결과가 될 수 있다. 그러므로 그 사람의 제스처 하나하나를 주시하고, 그의 작은 말 한마디도 귀담아 들어야 한다. 이렇게 해야 그 사람의 인격을 정확하게 파악할 수 있다.

2) 모빙할 대상의 치아와 입, 혹은 턱 등을 가끔씩 쳐다본다. 이런 행위는 예상치 않은 큰 성과를 가져온다. 몇 분 후, 그가 왜 자신을 그렇게 쳐다보는지 물어올 것이다. 그러면 당신이 조용히 대답하는 것이다.

"스파게티를 드셨나보군요!"

이 말을 들은 상대는 분명 불안에 빠질 것이다.

3) 모빙을 할 때 키가 문제될 수 있을까? 당신은 키가 작은 편인가? 그렇다고 해도 별로 문제되지 않는다. **성공한 여자와 남자들을 보면 키 작은 사람이 많다. 예를 들어 성녀 테레사나 나폴레옹도 키가 작았다.** 어쨌거나 당신이 키가 작다면, 모빙을 할 때는 앉아서 하는 편이 좋다. 키가 작은 사람들은 대부분 앉은 키가 큰 법이다. 당신이 앉으면 상대의 키가 크더라도 같은 눈높이가 될 터이고, 이런 상태에서 상대를 공격하면 된다.

4) 밀치거나 당기는 식으로 몸싸움을 하는 것은 자의식을 강도 있게 표현하는 것으로, 축구나 아이스하키 경기에서 흔히 볼 수 있다. 자신이 강하다는 것을 보여줄 수 있는 기회는 많다. 맥주집, 버스에 올라탈 때, 축구장, 록 페스티벌이나 팝 페스티벌이 열리는 극장, 고속도로나 구내식당, 요트를 탔을 때, 보행자 구역, 노동청과 동사무소(이곳은 가능하면 피하는 것이 좋겠다. 자칫 창피만 당할 수 있으니까) 등등.

5) 당신의 라이벌이 발표를 할 때 다른 사람들이 끼어들어 그의 발표를 방해하도록 만든다. 청중이 발표에 관심을 보이지 않고 발표하는 중간에 큰소리로 질문해서 그를 혼란에 빠뜨리면, 당신의 자아를 마음껏 보여주는 셈이 된

다. 이때 중요한 것은 뻐딱한 자세로 앉는 것이다. 가능하면 의자 위로 머리가 약간 보일 정도로 앉는 것이 좋다. 이렇게 했을 때 보다 강한 인상을 줄 수 있다.

6) **여성이 모빙을 할 때에는 자신의 몸을 무기로 삼아 효과를 높일 수 있다.** 미니스커트, 몸매가 드러나는 옷, 혹은 가슴까지 파인 옷을 입고 발랄한 화장을 하면 자신의 지성, 명예욕, 거만함, 개성을 한껏 살릴 수 있다.

7) 대머리 역시 장점이 될 수 있다. 머리카락이 부족한 것은 지혜와 진화를 상징하기 때문이다. 형사물 시리즈인 〈출동, 맨해튼〉에서 강한 개성을 선보였던 대머리 경사 코젝을 기억하는가? 머리카락이 부족한 자들이여, 모빙을 할 때 자신의 무기를 충분히 활용하라. 머리를 윤이 나도록 닦으면 여자들에게도 인기 있을 것이다.

8) 5천년 전, 한 중국인이 이렇게 말했다.
"식사예절은 사치이다. 이보다 더 중요한 것은 소화이다. 소화만 잘 시키면 그대들의 미적인 취향을 인정받을 것이고, 리더가 될 수 있는 기질을 증명하는 것이다."
이 중국인의 말처럼 당신도 뷔페나 잔칫집에 갔을 때만큼은 문화인의 예절을 무시해버린다. 맛있는 음식을 잔뜩 먹고 마시는 것이다. 그리고 음식이 줄어들 것 같으면 주저하지 말고 옆 사람의 옷에 와인을 쏟아버린다. 또는 당신이 먹으려 하는 스테이크를 옆 사람이 먹으면 팔꿈치로 그를 힘껏 밀쳐버리는 것이다. 최대한 빠르고 요란하게 많이 먹고, 많이 마셔야 한다. 당신의 이런 모습에 질려버린 사람들은 아무리 음식이 줄어들어도 감히 방해하려고 엄두조차 내지 못할 것이다.

9) 육체적인 약점을 오히려 강점으로 만든다. 예를 들어 이 책의 지은이 중 한 사람은 가는귀를 먹었다. 때문에 그는 똑같은 질문을 세번씩 반복하면서도 이해가 안 간다는 듯이 흥미진진한 표정으로 주위를 둘러보고는 한다. 그의 이런 모습은 오히려 직업적으로 조예가 깊으며 창의력 있는 사람처럼 보인다. 그와 얘기해본 사람이라면 하나같이 그의 능력에 존경심을 표하니 말이다.

10) **당신이 안경을 끼고 있다면 그것도 장점이 될 수 있다. 박식하고 똑똑해 보이기 때문이다.** 대체로 영리한 사람이 안경을 낀다. 지그문트 프로이트와 존 레논의 경우에서도 볼 수 있다. 안경을 끼고 벗는 행위는 타인에게 강한 인상을 준다. 안경을 위로 올리거나, 안경에 줄을 달아서 목에 거는 것 역시 인상적이다.

이 기본 원칙을 잊지 말기 바란다. 모빙의 대가라는 명성을 얻으려면 그에 걸맞는 태도를 반드시 익혀둘 필요가 있다. 이밖에 다른 모빙 전략도 의미심장하기는 하지만, 단독으로 사용하기에는 충분치 않다. 자의식이 강한 바디 랭귀지가 대표적인 경우이다. 흔히 모빙을 잘하는 사람은 반듯한 자세, 힘, 자기확신, 분명한 목표의식, 본능, 직관적이고 창의적인 면 같은 자신의 개성 전체를 자유롭게 활용한다.

자세 낮추기 전략

참을 수 있는 범위 내에서, 당신이 상대에게 자세를 낮추면 문제를 보다 쉽고 간편하게 해결할 수 있다. 물론 이렇게 되려면 당신이 약간의 연기력을 발휘해야 한다. 왜냐하면 **여기서 말하는 자세 낮추기란 하나의 전략이지, 복종을 의미하는 행동이 아니기 때문이다.** 실제로 당신이 상대보다 월등히 뛰어나더라도, 이익을 얻기 위해서는 겉으로 굴복하는 것처럼 굴어야 한다.

약하고 소심하여 나의 경쟁자가 될 수 없다고 믿는 사람을 어느 누가 돕고 싶지 않겠는가? 이점을 고려하라. 1그램의 감정은 1톤의 이성보다 더 큰 무게가 나간다는 것을……

남을 도와주지 않고는 못 견디는 사람이라면 선행을 베풀고 난 후 삶의 희열을 느낀다. 이런 감정이 유지되는 한, 당신은 느긋하게 가만히만 있으면 만사형통이다. 당신과 당신을 도와주는 사람 모두 만족한다. 참으로 기발하지 않은가?

이 게임은 남녀간에 자주 연출되는데, 전형적인 여자의 일이나 남자의 일을 해야 하는 상황에서 이용하면 좋다. 예를 들어 아내의 가사일을 도와야 한다면, 마치 왼손 두 개를 가진 사람처럼 천천히 일하는 것이다. 그러면 보다 못한 당신의 아내가 직접 일을 할 것이다.

한편 어떤 여성이 고장난 자동차 타이어 때문에 쩔쩔매고 있다고 예상해보자. 이때 탁월한 효과를 기대할 수 있다. 누군지 모르는 여성을 돕는 것으로 남성성을 돋보이게 할 수 있다면, 아르마니 양복을 입었다 한들 주저할 남자가 있겠는가? 다른 방식으로도 가능하다면, 왜 군이 자신의 손을 더럽히려고 하겠는가?

당신이 늘 동료들을 감탄스런 눈길로 바라본다면, 이들 역시 당신을 괴롭히지 않을 것이다. 실제로 동료들의 능력이 형편없다고 생각되더라도, 이것은 혼자만 알고 있어야 한다.

대부분의 사장은 직원이 자신에게 복종하는 것을 좋아한다. **자신을 깍듯이 대하는 당신에게, 사장은 우월감을 갖고 기꺼이 도울 것이다. 그런 당신이라면 성공을 향해 한걸음씩 나아갈 수 있다.**

고등교육의 산실인 대학에서는 주로 연구와 강의다. 여기에서도 힘들게 시험공부를 하는 대신 교수에게 잘보이면 효과만점이다. 면담시간에 손바닥을 비비면서 도와달라고 부탁하는데, 학생을 냉정하게 쫓아낼 교수가 어디 있겠는가?

이 경우 가능하면 손을 덜덜 떨고 무언가 간절히 원하는 듯한 시선을 던지면서 진땀을 흘려야 한다. 의자에 앉을 때는 반드시 몸을 낮추어야 하는데, 당신이 그야말로 미미한 존재임을 교수에게 보여주기 위한 것이다. 교수의 말에 **반대되는 의견은 절대로 말하지 말고, 열심히 고개를 끄덕이면서 수긍한다는 뜻을 보여준다.**

분명 당신은 곧 치르게 될 시험에 대하여 몇 가지 힌트를 얻을 수 있을 것이다. 잔뜩 긴장한 학생이 시험을 망치기를 원하는 교수가 어디 있겠는가?

또 우리는 하인리히 만의 소설 『신하』라는 작품을 참고하라는 말을 하고 싶다. 이 소설의 주인공 디더리히 헤슬링은 복종의 전형적인 인물로, 자신을 낮추고 절대권력에 복종할줄 아는 사람이다.

라이벌 무시하기 : 과소평가 전략

모빙을 잘하려면 속되게 상대의 면전에서 하지 말고, 마치 귀금속의 세공이라도 하듯 아주 세심하게 시도해야 한다. 모빙의 대가들은 상대방을 위협하고 공개적으로 모욕하는 방법을 택하지 않는다. 당신은 항상 면밀하게 공을 들여야 한다. 특히 상대가 자신보다 한 단계 아래에 있다는 사실을 말로 표현할 때는 더욱 그렇다.

상대가 직장 또는 다른(물질적, 감정적) 관계에서 당신보다 위에 있든, 같은 수준이든, 당신보다 못하든 상관없다. 물론 당신의 부하직원이나 당신보다 영향력이 적은 사람을 상대로 한다면 상대적으로 간단한 일이겠지만, 사실 이런 일이야 누구나 할 수 있다.

무시하기 전략의 목표는 경쟁자의 자의식을 흔드는데 있다. 만약 당신의 적수가 애초부터 자존심 따위에 아랑곳하지 않는 사람이라면, 과소평가 전략은 아무 소용이 없다. 모빙의 대가가 되려면 효과도 없는 방법으로 자신의 에너지를 소모해서는 안 된다.

이런 가정을 해보자. 현재 당신이 경쟁자로 간주하고 있는 사람이 역겨운 인간이라고 말이다. 그는 자신이 대단히 위대하고 세상에서 제일 똑똑한 사람이라고 생각한다. 그를 옷장에라도 가두고 싶은 마음이 왜 들지 않을까? 사실 알고 보면 그는 잘난 구석이 없다. 다른 사람보다 더 많이 안다고 믿는 사람들이란 자기애에 빠져 있고, 대체로 속이 텅 빈 껍데기일 뿐이다. 그러니 마음만 먹으면 이들의 약점을 찾기란 누워서 떡 먹기보다 쉽다.

이런 사람들을 혼내줄 때 주의해야 할 점은 진부한 방식, 또는 근거 없이 공격하고 모욕해서는 안 된다는 것이다. 우선적으로 해야 할 일은 그가 어떤 부분에서 잘난 척하는지 분석하는 일. 그러니까 그의 능력, 외모, 태도, 경험 등을 분석해야 한다.

누구든지 타의 추종을 불허할 정도로 뛰어난 점이 있거나, 적어도 다른 사람보다 잘하는 분야가 있는 법이다. 가령 상대가 컴퓨터를 잘 다룬다거나, 조직력이 뛰어나다거나, 혹은 회의를 잘 진행한다거나, 대인관계가 좋아 집에서 파티를 잘 여는 사람일 수도 있다. 상대의 강점에 대하여 자세하게 알면, 당신은 그의 강점을 보다 쉽게 무너뜨릴 수 있다.

경쟁자의 사소한 허영심을 알아냈다고 해서 금세 비아냥거려서는 안 된다. 이렇게 하면 오히려 궁지에 몰릴 위험이 있다. **우선은 그가 지닌 장점을 강조해야 되는데, 이때 너무 과한 칭찬은 하지 않는다.** 그냥 심상하게 그가 특히 잘한다고 느끼는 일이 무엇인지만 분명하게 알려주는 것이다.

당신의 경쟁자가 옆에 있건 없건, 여러 사람 또는 한두 사람과 이야기할 때, 컴퓨터에 관련된 문제나 재정문제, 또는 파티에 대해서라면 그가 전문가라고 지적하는 일을 잊어서는 안 된다. 처음에는 상대의 전문적인 능력에 대해 진지하게 이야기하되, 시간이 지나면서 약간씩 비아냥거리는 음조를 섞으면 된다.

상대가 어떤 능력이 있는지 모든 사람이 알게 되면, 당신은 가끔 의심스럽다는 듯이 의문을 제기한다. 모든 사람은 실수를 하기 마련이다. 만일 당신의 경쟁자가 한번도 실수하지 않는다면, 그것은 기적이나 다름없다. 그러니 주의 깊게 살피는 것이 중요하다. 마침내 그가 실수를 하면 당신은 그가 신뢰심을 갖고 귀기울일 수 있도록 지적해야 한다.

"아끼는 입사동기로서 하는 말인데"라는 식으로 시작하면 무리가 없을 것이다. 동시에 다른 사람에게도 이 이야기를 해야 한다. 이때도 상대가 신뢰할 수 있도록 해야 한다. 그러면 언젠가 당신이 퍼뜨린 말들을 당신에게 와서 고자질하는 사람들이 생길 것이다. 이때가 바로 사건을 공공연하게 터뜨릴 기회이다. 순식간에 당신은 경쟁자의 명성을 공략한 것이다. 이를테면 **그의 실력이 허풍이었음을 밝혀내었고, 따라서 그의 신뢰도는 치명적인 타격을 입는 것이다.**

여기서 한 가지 경고할 것이 있다. 흔히 이 전략은 가정에서도 사용되는데, 아주 조심스럽게 이루어져야 한다. 왜냐하면 부부 사이에 상대를 무시하게 되면 치명적인 결과가 발생하여, 결국 이혼으로까지 갈 수 있으니 말이다.

조직이나 정당 같은 곳에서 이 전략을 일상적으로 볼 수 있다. 일반적으로 세인의 존경을 받으며, 흠이라고는 한점 없는 사람으로 알려진 저명인사들도 이 전략을 사용한다. 이 전략을 모르고서는 독일의 축구황제 프란츠 베켄바우어가 선수 슈테판 에펜베르크에게 던졌던 조롱을 이해할 수 없다.

에펜베르크가 볼프스부르크 팀으로 옮기고 난 뒤였다. 베켄바우어는 약간 살이 찐 그의 모습을 보자, 그를 뚱뚱한 천사로 비유하면서 "슈테판은 트럼펫을 부는 천사처럼 볼이 잔뜩 부풀었군요"라고 말했다.

황제가 이 전략을 사용한다면, 평범한 사람들도 당연히 사용해도 된다. 당신의 적이 어떤 유형의 사람이든, 단 한마디로 무시하거나 모욕할 수 있는 표현을 정리해보았다.

- 신분상승자, 아마추어
- 조수, 뚱뚱한 천사
- 카멜레온
- 폭군, 얼간이
- 졸부, 순진한 친구
- 단순무식쟁이, 게으름뱅이
- 허풍선이, 사기꾼
- 노름꾼, 허수아비
- 이상주의자, 바보
- 겁쟁이

- 상놈, 광대, 백치
- 비굴한 인간
- 인기 없는 여자, 마마보이
- 벼락부자, 질투심 덩어리
- 오이디푸스, 관료주의자
- 바리세인, 부당 이득자
- 너절한 이야기꾼
- 람보, 쥐새끼
- 선동꾼, 아첨꾼
- 남의 노력을 가로채는 사람, 소매치기
- 꽁생원
- 방랑자
- 앞잡이
- 크산티페, 악처
- 오렌지 족
- 밀고자, 과시하는 사람

10대 전략의 합계 : 제왕적 전략

약 100년 전, 노르웨이의 동물학자 토를라이프 셸더럽 에버 (Thorlief Schjelderup Ebbe)는 아주 흥미로운 현상을 관찰하게 되었다. 그는 하루 동안 닭장에서 일어나는 1,900가지의 닭 싸움을 연구했는데, 여기에 모종의 법칙이 있다는 사실을 알게 되었다. 그는 이 세력관계에 대하여 상세하게 발표하며, 이를 '쪼는 순서'라고 불렀다.

단 한 마리의 수탉만 모든 수탉보다 월등하게 뛰어나다. 이 막강한 수탉인 알파 수탉은 다른 수탉들을 마음대로 쪼아댈 수 있지만, 다른 수탉들은 그렇게 하지 못한다. 두번째 서열에 있는 베타 수탉은 알파 수탉에게는 쪼이지만, 자기 밑에 있는 다른 수탉들을 쪼아댈 수 있다. 그러니까 서열의 마지막까지 이런 질서가 잡혀 있었다. 서열의 가장 마지막에 자리하는 오메가 수탉은 자신을 전혀 방어할 수 없었다.

닭장에서 발견한 이러한 위계질서는 곧 전세계로 알려졌다. 사실 이 질서는 모든 동물세계에서 찾아볼 수 있다. 일본인의 전통식사 예절이 서구인에게는 낯설게 보이지만, 역시 위계 순서와 무관하지 않다.

기모노를 입은 기생이 맛있는 생선튀김을 가져다줄 것이라며 기대에 부푼 사이, 식사가 허망하게 끝나버릴 수 있다. 가령 주인이 먹을 생각이 없어 이제 그만 상을 내가라고 표시하면, 밥상은 눈앞에서 사라지고 만다. 손님이 배불리 먹었든 그렇지 않든 상관없다. 다시 말해, 알파 미식가는 서열상 그의 밑에 속하는 미식가의 식사시간을 결정한다는 뜻이다.

어떤 종류의 그룹이든 사람이 여럿 있으면 위계구조는 존재하기 마련이다. 어떤 사람이든 가능하면 최고의 자리에 앉기를 원하지, 꽁지가 되기 원하지 않는다. 이 '쪼는 질서'는 특히 감옥, 대학 기숙사, 가정, 학교, 관청, 그리고 양로원에서 신속하게 만들어진다.

양로원의 예를 들어보자. 양로원에 새롭게 들어간 노인은 자동적으로 알파나 베타가 아니라 오메가 노인이 된다. 특권은 이미 그곳에 있던 사람들의 손에 들어가 있기 때문이다. 가장 좋은 방은 특권을 가장 오래 누린 자에게 돌아가고, 양로원 직원들도 이미 친하게 지내는 노인이 따로 있다. 그러니 그런 사람들이 먼저 따뜻한 음식을 먹을 수 있다. 물론 텔레비전을 시청할 때도 알파 노인이 맨 앞자리를 차지한다.

다음과 같은 끔찍한 상황을 한번 상상해보자.

양로원에 들어간 당신이 계속 푸대접만 받는다. 좋은 자리는 모두 주인이 있고, 심지어 해바라기를 하려 해도 마찬가지다. 당신에게 돌아오는 자리는 그늘밖에 없다. 방도 형편없고, 음식은 싸늘하게 식은 채이고, 양로원의 직원들도 불친절하고, 꽃은 시들었고, 옆방 노인은 신경에 거슬리고, 바보 같은 텔레비전이나 보아야 하고, 힘든 일만 독차지하게 된다.

이런 상황에서 당신은 아무 역할도 못하고, 노인사회에서 패배자가 되어버린 신세를 꾹 참아야 한다. 어느 날 당신은 자문

한다. 예전에 나는 어떻게 해서 그렇게 성공할 수 있었지? 양로원에 들어오기 전에는 항상 우두머리였는데!

이내 당신은 직장에서나 그밖의 사회활동을 활발히 할 때 사용했던 모빙 전략을 떠올릴 것이며, 남보다 앞서가기 위해 필요했던 미덕이 무엇인지 되돌려 생각할 것이다. 그런 전략을 양로원에도 적용하면 분명 좋은 결과가 나올 거라고 예상하며 계획을 세울 것이다.

하지만 사태의 해결은 그리 간단하지 않다. 당신은 두 그룹을 대상으로 새로운 모빙 전략을 짜야 하는 것이다. 한 그룹은 양로원에서 함께 사는 노인들이고, 다른 그룹은 양로원에서 일하는 직원들, 즉 간병인, 청소하는 아주머니, 식당의 아주머니 등이다.

이런 사람들을 자기편으로 만들려면 뇌물을 사용하지 않을 수 없다. 그러므로 가족이나 친척이 양로원을 방문할 때, 뇌물에 사용할 상품권이나 책, 향수, 초콜릿, 담배, 와인 등을 가져오도록 특별히 부탁해야 할 것이다.

당신이 넘어야 할 문턱은 절대로 낮지 않다. 그러니 우리 같은 모빙의 대가들이 하는 말을 반드시 믿어야 한다! 이런 문제를 해결하려면 어떤 전략이 좋을까?

사실을 말하자면, 심리적 테러에서부터 끌어안기 전략에 이르기까지 모든 모빙 전략이 도움된다. 직장에서든 양로원에서든 하나의 전략만으로는 충분하지 않다.

직장과 가정에서 가해지는 모빙으로 인해 상처받은 사람들에게 자신이야말로 확실한 도움이 된다고 감언이설을 늘어놓는 심리상담가들이 있다. 그런가 하면 '팀 오리엔테이션' 이니 '사회성의 극대화' 등 모호한 테크닉을 선보이는 세미나도 열린다. 하지만 이런 것은 거의 도움이 되지 않는다. 우리가 살고 있는 현실은 평화, 우정, 핫케이크의 원칙에 따라 움직이는 것이 아니라, 구약성서에 나오는 금언에 충실하게 움직이기 때문이다. 즉 '눈에는 눈, 이에는 이'라는 원칙에 따라 세상이 돌아간다.

구약성서의 금언이 틀리지 않았다는 증거는 국가간의 전쟁, 이혼이나 상속에서 불거지는 분쟁, 이웃사람과의 말싸움, 고속도로에서의 교통체증, 심지어 놀이터에서 다투는 아이들에게서도 볼 수 있다.

진정한 의미에서 사회성이란 우리에게 좋은 사람이 되라고 설득하지 않는다. 오히려 사회성은 여러 가지 모빙 전략으로 이루어져 있다. 앞에서 설명했던 10개의 모빙 전략 말이다. 이 전략들을 올바르게 조합하여 구사할 줄 아는 사람만이 진정한 의미에서 사회성을 지녔다고 볼 수 있다. 왜냐하면 이런 사람들이야말로 모빙 전략 가운데 최고의 전략, 즉 제왕적 전략을 휘두를 수 있기 때문이다.

모빙 전략 전체를 묶어서 최고의 전략인 제왕적 전략으로 만드는 과정은 매우 복잡하다. 양로원에서 살아남거나, 젊은 정치가가 대통령이 되는 것처럼 간단한 과정이 아닌 것이다. 그러므로 어떤 문제가 발생했을 때, 다음의 전략으로 행동하는 것을 두려워해서는 안 된다.

- 소문 퍼뜨리기
- 게임규칙 바꾸기
- 라이벌 끌어안기
- 교란 전략 실행하기
- 충성심에 상처 입히기
- 라이벌 과소평가하기
- 심리적 테러 일삼기
- 경쟁자에게 약한 척하기
- 당신의 몸을 이용하기
- 다른 동료와 연대하기

제왕적 전략을 구사하려면 개별적인 모빙 전략을 장기간 심도 있게 사용한 경험이 있어야 한다. 제왕적 전략을 휘두를 수 있는 사람은 모빙의 대가 중에서도 대가가 될 수 있으며, 모빙 올림픽에 출전해서 메달을 노려볼 만하다. 그렇지만 외교적 전략(소문내기)에서부터 심리적 테러에 이르는 모든 전략을 완벽하게 연습한 사람만 전체 테크닉을 결합하는 시도를 해볼 수 있으며, 이를 바탕으로 제왕의 전략을 완성할 수 있다. 당신은 다음과 같이 움직여야 한다.

우선 한두 가지 전략을 결합하는 것부터 시작한다. 예를 들어 서로 잘 보완할 수 있는 전략, 이를테면 끌어안기 전략과 자세 낮추기 전략을 결합하는 것이다. 다음 단계에서는 심리적 테러를 활용하고, 그 다음으로 교란 전략을 투입한 뒤, 기존의 규칙을 무시하고 새로운 규칙을 만들며, 파렴치한 소문을 퍼뜨리도록 한다. 마치 피라미드를 세우는 것처럼 하면 된다. **처음 밑바닥에 경험이라는 넓은 판을 깔고, 천천히 한 단계씩 쌓아올리면, 머지않아 당신도 모빙의 대가가 되어 있음을 느낄 수 있을 것이다.**

제왕적 전략은 당신이 다음과 같은 상황에서 이용하면 아주 적절하다.

- ☆ 직장 내에서 또는 공인으로서 지도자의 위치를 굳히려고 할 때
- ☆ 단체나 정당에서 직위를 맡고 싶을 때
- ☆ 휴가 때 특권(편안하게 누울 수 있는 긴 의자, 호텔 서비스 등)을 누리고 싶을 때

- 유치원, 초중고교와 대학에서 좋은 성적을 얻고 싶을 때
- 양로원에서 편안한 노후를 즐기고 싶을 때
- 이혼할 때
- 직장이나 단체에서 책임 있는 자리를 맡고자 할 때
- 가족으로부터 상속받을 일이 있을 때
- 이웃의 심리적 테러로 가족이 위협당할 때
- 저질의 사람이 협박하거나 중상모략을 하고, 적대감을 표시할 때
- 경제시장에 공급된 주택이나 일자리가 부족할 때
- 친구라고 말하면서 뒤에서 교활하게 뒤통수 칠 때
- 시기심이나 질투심이 큰 사람이 괴롭힐 때
- 과격하고 몰염치하게 행동하는 자에게 온갖 불쾌한 일을 당할 때

지금까지 우리는 가장 중요한 모빙 전략들을 소개했고, 모빙에 뛰어난 야심찬 사람들이 어떤 목표를 가져야 하는지도 설명하였다. 즉, **일상생활이나 직장에서 발생하는 복잡미묘한 상황을 잘 해결하기 위하여, 제왕적 전략을 휘두를 줄 아는 경지를 목표로 삼아야 한다.**

항상 제왕적 전략을 투입할 필요는 없다. 많은 경우, 문제를 해결하고 상대를 모빙의 희생자로 만들기 위해 단 하나의 전략

만 투입해도 충분하다.

이밖에 특정한 전략을 선호하는 이들이 있는데, 그들은 이 전략을 개성의 일부분으로 삼기도 한다. 이렇듯 한 가지 전략을 선호하여 모빙하는 사람들은 대부분 외형상 독특한 성격을 보여준다. 우리는 이에 대해서도 다루려 한다. 다음에 소개하는 내용을 보면 상대가 어떤 사람인지 쉽게 파악할 수 있을 것이다. 그러면 당신이 이 사람에게 모빙하고자 할 때 적당한 전략을 찾을 수 있을 것이다.

유형별로 보는 모빙 전략

동분서주형

일에 중독된 사람이다. 그의 책상은 전쟁터를 방불케 하고, 스케줄을 기록해두는 달력은 온통 난장판이다. 한 약속이 끝나면 다음 미팅이 기다리고 있다. **이런 사람은 남의 말을 잘 경청하지 않으며, 남에게 배우기도 싫어하고, 짤막한 대화를 좋아한다.**

다른 사람들을 엄격하게 분석하기 때문에, 어중간한 조언보다는 최고의 조언을 찾는다. 주변사람에게 달성이 불가능한 목표를 제시함으로써 누구든지 좌절을 경험하게 만든다. 무질서하고 정신없이 서두르는 이런 스타일의 사람들이 선호하는 전략은 '게임규칙을 무시하고 바꾸는 전략' 이다.

쇼 연출가

외모가 출중하고, 교양이 있으며, 유머가 있다. 흠잡을 데 없이 행동하고, **폭넓은 스펙트럼을 가졌으며, 부담 없는 존재이다.** 성공적으로 대화를 이끌어가고, 인간관계를 형성하는 데 가히 천재적이라 할 수 있다. 파티에서는 타인을 현혹시킨다. 유명한 사람이 마치 자기 친구인 양 떠들어대도 용서가 될 정도이다. 종교와 세상을 이해하고 있으며, 자신의 삶에 대해 이야기하는 것을 좋아한다. 이런 사람이 선호하는 전략은 '끌어안기 전략' 이다.

전략가

어떤 식으로든 안전장치를 해둔다. 무언가 일이 잘못되면 즉시 책임져야 할 사람을 지적하고, 자신은 한 발자국 뒤로 물러난다. **한마디로 대리인 내세우기를 좋아한다.** 창의적이고 혁신적인 면을 보여주는데, 이 두 가지야말로 성공을 약속해준다는 강한 믿음을 갖고 있다. 이런 타입은 결코 우두머리가 되지 못하는데, 그 이유는 자신의 전략에 스스로 말려들기 때문이다. 이런 사람이 좋아하는 전략은 '주의를 다른 곳으로 돌리

기 : 교란 전략'이다.

천재형

삶의 모든 영역을 훤히 꿰뚫고 있다. 자기편이 될 가능성이 있는 사람들에 대해서도 잘 알고 있다. 구내식당에서 단골로 앉는 자리가 있고, 배후에 자신을 추종하는 무리를 두고 있다. **집중도가 매우 높은 편이고 남의 눈에 잘 띈다.** 경쟁자에게 이런 사람은 암세포와 다름없다. 그의 신념은 '자신이 일한 만큼 보상받는다'이다. 이런 유형의 사람이 좋아하는 전략은 '다른 동료와 연대하는 전략'이다.

고양이형

조용히 그리고 애매하게 말한다. 남들이 자신의 말을 물고 늘어지기를 원하지 않기 때문이다. 악수할 때도 아주 가볍게 한다. 의도적으로 허풍을 떨면서 상대를 매수한다. 결정하는 것을 지극히 좋아하고, **항상 안전한 범위 내에서 생각하며, 절대로 속마음을 보여주지 않는다.**

실수도 절대로 하지 않는다. 이들은 주로 정당, 노동조합, 행정 분야 등에서 일하는 경우가 많다. 이런 사람은 결코 심각하게 모빙하지 않는데, 많은 사람들로부터 사랑과 칭찬을 받고 싶은 까닭이다. 이런 사람이 좋아하는 전략은 '자세 낮추기 전략'이다.

공작새형

'복수는 나의 것!'이라고 생각하는 타입이며, 자기애에 빠져 있는 귀여운 형이다. 자신에 대한 이야기를 잘하는데, 과장된 내용이 많다. **유행에 민감하며, 대부분 자신의 추종자들에게 둘러싸여 있다.** 파티에서 손님들끼리 나누는 대화의 주인공이 되며, 회의나 세미나에서는 주로 모퉁이에서 이야기를 한다. 마치 종교단체처럼 그의 모빙 그룹에 헌신하지 않는 사람은 머지않아 회사에서 쫓겨난다. 이런 사람이 좋아하는 전략은 '몸을 이용한 감성적 전략'이다.

도덕주의자

모빙족 가운데 진정한 철학자급에 속한다. 시기심과 치사한 의도를 품고 일하는 것을 즐긴다. 항상 폭로하는데 쾌감을 느끼며, 주변사람을 잘 부려먹는다. **성공의 수단으로 잡담하는 것을 좋아하며, 언제나 자신을 그럴 듯하게 포장한다.** 이들의 전형적인 모습은 팔짱을 낀 채 빠르게 움직이는 입이다. 이런 사람이 좋아하는 전략은 '소문내기 : 외교적 전략'이다.

카멜레온형

의견이나 태도를 하루에도 수십번씩 바꾼다. 그것도 부족해 혁신을 하려면 자신처럼 유연하게 생각할줄 알아야 한다고 주장하며, 자신의 행동을 정당화시키기까지 한다. 고급 포도주와 샐러드를 좋아하고, 얼굴을 잘 붉히는 경향이 있다. **언제나 약간 긴장한 듯이 보이는데, 전략적인 차원에서 그렇게 하는 것이다.** 이들 중에는 싱글이거나 여러번 이혼한 사람이 많다. 매력 있고, 언제든지 타인을 도와줄 준비가 되어 있지만, 장기적으로 믿을 만한 사람은 못된다. 이런 사람이 좋아하는 전략은 '라이벌의 충성심에 상처내기 전략' 이다.

쥐새끼형

다른 사람의 아킬레스건을 물고 늘어지길 잘하며, 이를 모빙의 출발점으로 삼는다. **다른 사람의 약점을 최대한 이용하려 들며, 절대로 덮어주지 않는다.** 휴가 때 즐기는 놀이로는 불꽃놀이, 번지점프, 고속 질주, 악의에 찬 험담 등이다. 이런 사람이 좋아하는 전략은 '심리적 테러 전략' 이다.

권력형

모빙을 가장 잘하는 사람이라고 할 수 있다. 뛰어난 지도력을 갖춘 훌륭한 장군 스타일이다. 그러니 전쟁을 치르면 언제나 승리를 거둔다. 그의 전략적인 태도는 가늠하기 어렵다. 술

책, 특히 천재적인 술책을 좋아한다. **상대에게 절대적인 복종을 요구하고, 추종자에게는 그에 따른 보상을 해준다.** 물론 권위도 있고 위풍당당한 풍채이다. 이런 사람이 모빙이라는 대패질을 시작하면, 톱밥이 바닥으로 두두둑 떨어질 정도이다. 이들이 구사하는 전략은 바로 '제왕적 전략'이다.

태초에 모빙이 있었나니... 간략한 모빙의 역사

오해하지 말라. 모빙이란 단어가 최근에 생겨났지만, 이런 현상이 벌어진 역사는 우리 인류의 역사만큼이나 오래되었다. 인간이 함께 살기 시작하면서부터 서로 참을 수 없는 갈등이 존재한 것이다. 왜냐하면 야생적인 성향을 포기하고 사회라는 것을 만든 다음부터 인간은 끊임없이 토지, 권력, 돈, 이익, 사랑, 재산 등을 정당하게 분배하고자 다투어 왔기 때문이다. 이때 '정당하게' 라는 표현은 '가진 자의 입장에서' 정당하다는 의미가 아니다.

다시 한번 강조하지만, 세상을 지배하는 것은 돈이 아니라 시기심이다. 최소한 두 사람 중 어느 한 사람이 옆 사람보다 무언가를 좀더 많이 갖게 되면 항상 시기심이 발동해 왔다. 그러니 시기심이란 비단 현대적인 현상이 아니라, 인간에게 일어나는 모든 갈등의 근원이라고 볼 수 있다. 따라서 시기심은 역사 발전의 원동력이고, 모빙은 그 원동력의 기본 원칙에 속한다.

이 세상에서 막강한 권력을 누렸던 사람들은 모두 이점을 이해했다. 국가에서든, 정치나 종교에서든, 혹은 학문에서든 권력을 잡은 자들은 대부분 모빙을 아주 잘했다.

유명인사 가운데 많은 사람이 너무나 교묘하게 모빙을 해서 어느 누구도 눈치채지 못했고, 따라서 그런 사건을 아무도 기록하지 못했다. 하지만 우리는 수많은 사람이 권력과 영향력을 얻기 위해 어떤 식으로 경쟁을 펼쳤는지 잘 안다. 모빙의 경우에도 다른 사건과 마찬가지로 역사에서 한 수 배울 수 있다는 판단에서, 몇몇 역사적인 인물을 소개하고자 한다.

오늘날 일상화된 모빙을 살펴보기 전에, 모빙의 대가 중에서 역사적으로 이름을 남긴 인물들을 먼저 찾아보기로 하자. 더불어 인물 중심의 방식으로 모빙의 세계사를 간략하게 정리해보자.

아담과 이브

성경을 자세하게 읽어본 사람이라면, 아담과 이브의 이야기는 모빙 아이디어를 교묘히 적용하여 성공한 사례라는 점을 쉽게 알 수 있다. 이브는 뱀의 꼬임에 넘어가 아담에게 금지된 과일을 먹도록 함으로써 모빙했다. 이미 눈치챘겠지만, 이는 소위 말하는 교란 전략의 고전적인 레퍼토리이다. 즉 이브가 아담에게 단기적으로는 사소한 이익을 안겨주었을지 모르지만, 장기적으로 볼 때 엄청난 손해를 끼친 것이다.

그렇다면 이브에게 어떤 이득이 돌아왔을까? 그녀는 낙원에서 도망칠 수 있었다! 자, 이제 당신이 직접 이 사건을 좀더 구체적으로 관찰해보고, 겉으로 보기에 낙원 같았던 당시의 모습을 오늘날의 상황으로 재현해보자.

당신이 이브라고 가정해보자. 당신이 믿고 의지하는 아담은 외출도 하지 않고 온종일 집안에서 빈둥대거나, 24시간 당신을 졸졸 따라다니면서 귀찮게 군다. 매달 낙원 행정부에서 돈을 꼬박꼬박 부쳐주기 때문에, 굳이 그가 일하러 나갈 필요는 없다. 그런 아담 때문에 당신은 단 1분도 자유롭지 못하며, 늘 그를 신경 써야 한다. 그럼에도 불구하고 항상 당신을 보호해주는 아담을 이상적인 남편이라고 생각해야 한다.

당신이 이런 불편한 상황에 처해 있다면, 사랑하는 남편을 위해 그의 일자리를 알아보지 않겠는가? 매일 아침 출근해서 저녁이면 동료들과 함께 맥주도 한잔 하는 그런 남편을 당신은 원할 것이다. 남편이 집에 돌아와서는, 당신이 편안한 시간을 보낼 수 있도록 강아지와 함께 산책도 나가주기 바랄 것이다.

그러니까 이브는 아담을 집밖으로 내보낸 뒤, 자유롭게 지낼 수 있는 방법을 선택했을 뿐이다. 그녀가 여자였으므로 들판이나 공장에서 일할 필요는 없었고, 그동안 자신을 발전시킬 수 있는 많은 시간을 가질 수 있었다. 이브를 통해 인류역사상 최초로 일어난 모빙 액션은 역사상 최초로 성공한 여성해방운동이었던 것이다.

그러니 수천년 후 여자들이 공장에서 일하고, 남자들과 함께 전쟁터에 나갈 권리를 얻기 위해 투쟁하는 모습을 본다면, 최초의 여성이었던 이브는 당장 머리를 싸매고 드러누울 것이다.

다윗과 골리앗

골리앗에 맞서 싸운 다윗 이야기는 약자가 강자에게 봉기한 전형적인 사건으로, 오늘날까지도 마치 선이 악을 이긴 것처럼 전해져온다. 그런데 실제로 골리앗에 맞선 다윗의 싸움은 거의 완벽에 가까운 모빙 상황이다.

3천년 전 당시에 과연 무슨 일이 일어났던 것일까? 사울 왕은 그의 강력한 적인 골리앗을 죽이는 자에게 딸을 주겠노라고 천명했다. 왕은 가장 용감하고 만인에게 존경받는 사위를 얻고자 한 것이 아니라, 다만 전투적인 간계를 부릴 줄 아는 사위를 얻고자 했던 것이다. 왕 자신도 사악하고 힘센 거인에게 희생만 당하는 위인이 아니었다. 그역시 국내외에 있던 여러 적들을 끔찍한 방법으로 제거한 적이 있지만, 유독 거인 골리앗만은 혼자서 감당할 수 없었던 것이다. 왕은 자신을 대신하여 더러운 일을 해줄 수 있는 해결사를 찾았고, 그 대로 사랑하는 딸을 주겠노라고 약속한 것이었다.

농촌 출신의 평범하고 자그마한 사내였던 다윗이 이 과제를 떠맡았고, 마침내 돌을 던져 골리앗을 죽이는데 성공했다. 사울은 약속한 대로 다윗에게 자신의 딸을 주었다. 그리하여 다윗은 평범한 공범자에서 부마의 위치로 올라섰으며, 사울 왕이 죽은 뒤 왕위를 계승하기에 이르렀다.

이론적인 측면에서 볼 때, 이 이야기는 아주 중요한 전략을 가르쳐준다. 즉 자리를 빼앗고 싶은 자가 있더라도, 반드시 그를 제거할 필요는 없다는 점이다. 겉으로 복종하면서, 주인의 충성스러운 심복이 되어 만천하에 이를 증명하는 것이 오히려 유리할 때가 많다. 일단 왕의 총애를 받은 다음, 배후에 물러나 있다가 적당한 시기에 권력을 이어받으면 되는 것이다.

이밖에도, 모빙이란 힘이나 체격과 별상관이 없다는 사실도 가르쳐준다. 한마디로 콩알 같은 녀석이 엄청난 적으로 둔갑할 수도 있다는 뜻이다. 골리앗은 이점을 뼈아프게 받아들여야 했다. 그러니 당신은 주의를 게을리하지 말라. 상대의 자세 낮추기 전략에 말려들어서는 안 된다.

클레오파트라

기원전 69~30년까지, 파라오가 다스리던 이집트 땅에서 파란을 일으킨 클레오파트라의 이야기는 다윗과 골리앗의 사건과 비슷한 점이 적지 않다.

프톨레메우스 왕의 누나였던 그녀는 다윗과 달리 이미 지배자의 신분에 속해 있었다. 하지만 그녀가 원했던 것은 다윗이 원했던 것과 동일했다. 그녀는 왕좌에 오르기를 염원했고, 이 목적을 위해 외부의 적과 연합했던 것이다.

클레오파트라는 로마제국의 가장 막강한 인물이었던 율리우스 카이사르를 자신의 조력자로 만드는데 성공했다. 기원전 51년, 카이사르가 이집트의 지배자와 협상을 벌이기 위해 왔을 때, 이는 클레오파트라에게 아주 좋은 기회가 되었다.

당시 12세 소년이었던 프톨레메우스는 신하들과 누나 아르시노에, 그리고 포티누스 장관의 도움으로 나라를 다스리고 있었다. 이렇게 나약한 이집트 왕은 카이사르에게 너무나 쉬운 상대였다. 하지만 그는 곧 자신의 생각을 바꾸게 되었다. 클레오파트라를 예상하지 못했던 것이다.

이집트의 소피아 로렌이라 할 수 있는 클레오파트라는 매력적인 자신의 몸을 무기로 카이사르를 사로잡고 말았다. 그는 마치 벼락을 맞은 듯 클레오파트라에게 빠져버렸고, 그녀를 사랑했기에 그녀가 왕좌에 오르는 것을 도와주었다. 왕가의 자손이 몸을 이용한 전략을 구사해서 그야말로 대성공을 거둔 사례가 아니고 무엇이랴.

이 이야기는 약자와 공모하는 다윗과 골리앗 버전의 반대 상황, 그러니까 힘이 더 강한 자와 공모해서 성공한 케이스다. 이런 경우는 절대로 두려움을 가질 필요가 없다. 클레오파트라의 예에서 볼 수 있듯이, 재주껏 자신의 몸을 투입함으로써 훌륭한 조력자를 얻을 수 있는 것이다.

중세 유럽의 영주와 메디치 가문

중세시대의 봉건적 지배구조는 체계적으로 모빙할 수 있는 토대를 제공했으며, 이 지배구조 자체도 성공적으로 모빙을 한 결과이다. 어떻게 작동했던 것일까? 중세사회는 엄격한 계급사회였다. 계단식 인공폭포처럼 권력을 쥔 자는 위에서 아래까지 자신을 따르는 심복을 모았다.

이런 구조에서 사람들이 가능하면 높은 자리에 오르려는 이유가 명백하다. 높은 자리에 앉으면 앉을수록 노동량이 줄어들고 그만큼 편안하게 살 수 있기 때문이다. 때문에 영주를 위해 일하고 영주의 안전을 지키는 기사와 가신의 숫자가 날로 증가했고, 이들의 부하 또한 날로 늘어났다. 결국 중세시대에 우두머리 자리에 앉게 된 사람은 스스로 지배체계를 확고히 다진 사람이며, 성공적으로 모빙을 한 사람이기도 하다.

신하들은 가장 높은 자리로 올라가기 위해 어떻게 움직였을까? 용기와 능력을 갖추는 일 외에도, 그들은 치밀한 모빙 전략을 동원했다. 필요하다면 그들은 피를 부르는 싸움을 통해 경쟁자를 물리쳤고, 승자는 영주의 사랑을 독차지할 수 있었다.

이때 사용하기 가장 좋은 전략은 소문내기 : 외교적 전략이다. 왜냐하면 교묘하게 퍼뜨리는 소문을 그 누구도 막을 수 없기 때문이다.

당시는 문자를 널리 사용하지 않았던 시기였으므로, 귀로 듣고 이것을 다시 말로 전하는 전략의 효과가 뛰어났던 것이다.

몸을 이용한 감성적 전략 가운데 가장 극단적인 형태는 혼인관계를 맺는 것이다. 이 전략은 오늘날 무슨 이유에서인지 퇴락하고 말았지만, 당시에는 지배자나 그의 가까운 친척과 혼인관계를 맺는 것만으로 출세에 도움이 되었다.

이렇게 하여 소위 '일족이 가하는 모빙'이 생겨나게 되었다. 어떤 가문은 너무나 모빙이 완벽해, 그리말디스 가문이나 윈저 가문, 또는 텔레비전에 드라마로도 방영된 달라스 가족처럼 아주 유명한 귀족 가문조차도 감히 대적할 수 없는 집안이 되었다. 그 주인공이 바로 메디치라는 가문이다.

1425년 코지모 메디치는 가문의 수장이 되었다. 그는 당시 이탈리아에서 가장 부유한 남자 가운데 한 명이었다. 은행가이자 직물상인이었던 그는 피렌체에서 치러지는 정치적 선거를 언제나 자신의 일족에게 유리하도록 조종했다. 그의 성공비결은 연대하는 전략에서 찾아볼 수 있다. 평소 그는 친구들을 비롯하여 인간관계를 잘 구축해 놓았으며, 서로 지켜주자고 약속함으로써 경쟁이 되는 가문들을 차례로 배척해나갔다. 그리하여 피렌체에서는 코지모가 하는 일이라면 어느 누구도 반대할 수 없었다.

메디치의 후손들은 자신의 조상을 본보기로 삼았다. 손자 로렌초는 후손 중 가장 탁월한 사람이었다. 그가 지배했던 1469 ~ 92년까지 피렌체는 이탈리아에서 가장 막강한 권력을 소유하게 되었다.

메디치가의 연대의식은 끝이 없었다. 16세기에 들어서도 이들은 자신의 일족을 교황자리에 앉히는데 성공했으니 말이다. 또한 놀랄 정도로 뛰어난 혼인정책으로 카타리나 드 메디치를 하인리히 2세의 왕비로 만들기도 했다. 하지만 절대권력이란 부패하기 마련, 메디치 가문도 뼈저린 대가를 치러야 했다.

1572년 카타리나는 성 바톨로메우스 밤*의 피비린내 나는 사건에 대하여 책임을 져야 했던 것이다.

우리는 모빙이 공적인 자리에 있으면, 지극히 무거운 도덕적 의무를 지게 된다는 점을 여기서 배울 수 있다. 물론 도덕이란 곧 잘 무시되기도 하지만 말이다.

마르틴 루터

역사적인 관점에서 모빙을 볼 때, 마르틴 루터는 애매한 인물이라고 할 수 있다. 그가 모빙을 행하기도 했지만 당하기도 했다. 먼저 막

★ 프랑스의 장군 콜리니는 프로테스탄트교에 속하는 위그노파의 수장이기도 했다. 그는 젊은 왕 샤를르 9세의 신임을 얻었는데, 왕의 어머니였던 카타리나 드 메디치는 프로테스탄트의 세력이 강해지는 것을 두려워했다. 그리하여 카타리나는 가톨릭교도인 기스 가문이 콜리니의 암살계획을 세우자 이를 승인해주었다. 1572년 8월 24일, 성 바톨로메우스의 밤에 가톨릭교도들은 파리와 지방에 있는 위그노파 신자 수천 명을 학살했다.

시밀리안 황제를 필두로 하여 독일의 제후들이 그에게 모빙을 가했다. 이들은 십자군 원정에 필요한 재정을 마련하고자 거두어들일 세금을 둘러싸고 교황 레오 10세와 대립하면서, 루터를 도구로 사용했던 것이다.

원래 마르틴 루터는 입신출세를 삶의 목표로 정했던 사람이다. 비텐베르크 대학의 신학과 교수로 재직하는 동안, 그는 1517년 교황청에서 판매하는 면죄부 문제로 충돌하게 되었는데, 이것이 바로 종교 개혁의 발단이 되었다. 왜냐하면 1517년 10월 31일, 마르틴 루터가 「95개의 논제」를 통해 교황 레오 10세(이 교황 역시 메디치 가문 출신이었다)의 부도덕한 조치를 신랄하게 비판했기 때문이다. 그러니까 교황은 로마의 성 베드로 성당을 건축하기 위한 비용을 마련하고자, 비텐베르크에 있는 쉴로스 교회의 정문에서 면죄부를 팔도록 지시했던 것이다.

이 사건에서 다른 흥미로운 점은, 루터가 모시던 군주 프리드리히가 평소와 달리 그 모금에 참여하지 않았기 때문에, 루터가 면죄부 판매에 반대하고 나설 수 있었다는 사실이다. 말하자면 루터는 누구에게 충성해야 할지 고민했을 것이다. 결국 그는 자신에게 밥줄을 대어주는 프리드리히를 선택했고, 정신적인 군주 교황 레오 10세에게는 충성을 거부했다.

이후 그는 여러 차례 교황청에 소환되었다가, 신성로마제국의 회의가 열릴 때 독일 보름스라는 곳으로 보내졌다. 이곳에서 루터는 교황이 보낸 사자들로부터 그의 주장을 취소하라는 압력을 받았는데, 결국 독일 제후들의 모빙에 걸려들고 말았다.

다시 말해 독일의 제후들은 루터와 교황청 사이의 이데올로기 분쟁을 자신들의 목적에 이용했고, 루터가 교황의 권위를 의심하는 표현을 사용하도록 유도했던 것이다. 결과적으로 루터는 국가에 봉사를 한 셈이 되며(이런 까닭에 울리히 폰 후텐을 비롯한 기사들은 루터를 교황청으로부터 독일을 자유롭게 풀어준 인물이라고 칭송했다), 그 대가로 가톨릭 교회에서 추방당했다.

이때 제후들은 교란 전략을 펼쳤다. 이들은 애초의 문제(교황청에 바쳐야 할 새로운 세금)에 대한 관심을 다른 곳으로 돌리고, 적을 약하게 만들기 위해 루터라는 무기로 연막탄을 터뜨렸던 것이다.

하지만 루터는 재빨리 사태를 파악하게 되었다. 교회에서 추방당하자 그는 더이상 제후들의 노리개가 되는 것을 포기하고, 게임규칙을 바꾸었다. 그는 교리에 대한 자신의 입장을 밝히며, 교황을 파문했고, 교황을 따르는 모든 사람들은 진실한 믿음이 없는 자들이라고 성토했다.

이것이 종교개혁의 신호였다. 처음 루터는 모빙의 희생자였지만, 같은 방식으로 황제와 교황을 물리침으로써 모빙의 대가로 탈바꿈한 것이다. 그가 새롭게 시작한 게임은 '개혁과 가톨릭 교회로부터의 개종'이었다. 그는 더이상 로마 교황청에 종속되기를 원치 않는 교회들의 관심과 지지를 이용하여 프로테스탄트 신학의 기초를 만들어나갔으며, 가톨릭 교회의 권위를 땅에 떨어뜨렸다.

결국 가톨릭 교회에는 분열이 일어났다. 교황청은 세계무대에서 퇴장을 당했고, 이제 루터가 전면에 등장하게 되었다. 비텐베르크 출신의 한 신학자가 망치와 자신만의 이론을 들고 교회문을 두드렸을 때, 이런 어마어마한 세계사적 변화가 일어나리라고 누가 상상할 수 있었겠는가?

장 자크 루소

루소는 프랑스 혁명이 일어날 수 있는 사상적 토대를 제공하였다. 그는 작곡가, 음악이론가, 작가, 교육자, 철학자로 살면서 어떤 분야에서는 성공을 거두기도 했다. 살아 생전에 이미 사회비판적인 논문과 국가조직에 대한 글로써, 그의 다재다능한 재능은 세계적으로 알려지게 되었다. 하지만 당시에도 루소를 사기꾼이라며 신랄하게 비판한 볼테르 같은 동시대인이 있었다. 사실 루소는 그 시대에서 가장 성공적으로 모빙을 한 사람이었다.

교육적인 저서에서 루소는 모든 부모에게 아이들을 '인간적으로' 대하라는 주문을 했다. 그러나 정작 자신의 아이들은 아버지와 어머니가 누구인지도 모른 채, 고아원에서 자라게 하는 이중적인 면을 보였다. 이는 교란 전략의 완벽한 예이다. 교육적으로 그런 주장을 펼친 자가 자신의 아이들을 고아원에 보냈으니, 과연 누가 그의 말을 믿으려 하겠는가.

음악선생이라는 직업에 뛰어든 루소는 소득을 거의 거두지 못했지만, 이후『학문과 예술에 대한 담론』(1750)과『불평등의 근원과 기초』(1755)라는 저서로 디종 아카데미상을 수상했다. 하지만 루소는 그렇게 얻은 명성을 직업적으로 이용하지 않았다. 그는 늘 재정적인 궁핍에 시달리고 심지어 부랑자가 될 정도로 가난했지만, 어떤 사람에게도 종속되지 않으려 했다.

그 이유는 국가와 인간, 그리고 사회에 대하여 자유로운 사상을 표현하기 위해서였다. 뒤에서 다시 한번 언급하겠지만, 루소의 그렇듯 지적인 자유정신은 사실 유용한 측면이 있었다. 루소는 가난했으므로, 더이상 아내와 자식들을 돌볼 필요가 없었던 것이다.

그의 유명한 작품『에밀』(1762)은 에밀이라는 아이가 어른이 될 때까지의 성장과정을 쓰고 있다. 게오르그 홀름스타인이 그의 책『장 자크 루소』에서 말하고 있듯이 '소설, 보고문, 논문이 두루 섞여 있는 혼합물' 인 이 책에서 루소는 교육적인 유토피아를 펼쳐 보이고 있다. 한마디로『에밀』은 그의 교육철학적 이상과 정치적 이상을 담아놓은 책이다.

이 프랑스인의 기본적인 생각에 따르면, 아이들은 사회적 규범과 관습의 방해를 받지 않고 타고난 능력을 발전시켜야 한다는 것이다. 이렇게 함으로써 어느 순간 아이가 잘못된 길을 가더라도 말이다.『에밀』을 통해 교육자들에게 호소하는 그의 이러한 요구는 현대적인 의미에서 보면 '반권위적 교육' 의 선구로 간주된다.

루소는 아이들과 청소년의 교육을 담당하는 교육자의 사전에서 '의무'라는 단어를 지우고, 이들을 전폭적으로 보호해주는 역할을 해야 한다고 거듭 강조하고 있다.

루소의 주장은 다음의 표현에서 절정을 이룬다.

"사람들이여, 인간이 되어라! 이것이 당신의 의무이다. 어떤 상황, 어떤 세대라도 마찬가지이다. 어린이의 성향을 사랑하라. 그들의 놀이, 즐거움, 사랑스러운 본능…… 신이 언제 그들을 데려갈지 모르는 일, 그들이 즐거움을 충분히 누리도록 배려하라."

스스로를 '어린이를 위한 투사'라고 불렀던 그는 ― 이 말 때문에 많은 비판을 받았다. ― 비록 몇달 간의 짧은 교육자 생활이었지만, 어쨌거나 순수한 이론가였고, 모빙에 탁월한 인물이기도 했다. 사람들에게 그처럼 높은 도덕적인 요구를 했음에도 불구하고, 정작 자신은 정반대의 삶을 살았으니 말이다.

루소는 1745년 한 여관에서 알게 된 테레제 레바쉬르와 오랫동안 사귀다가 23년 후에야 결혼을 했고, 그녀와 사이에서 태어난 5명의 아이들을 모조리 고아원으로 쫓아버렸다.

나이든 루소는 평생 동안 자신의 아이들을 돌보지 못한 것을 괴로워하기도 했지만, 자신에게 가해지는 비판에는 '사회의 관습'을 들어 맞서기도 했다. 실제로 17세기의 파리에서 작가를 비롯한 예술가들은 정부와 함께 살았고, 여기서 태어난 아이들은 대부분 고아원으로 보내졌던 것이다.

문제라면 당시 파리에 있던 고아원은 아이들이 자유롭게, 이를테면 삶을 향유하면서 살 수 있는 곳이 아니었다는 점이다. 자신의 가정문제가 사람들의 입에 오르내릴 때마다, 위대한 이론가 루소는 대범하게 넘어가곤 했다.

그렇다! 루소처럼 모빙을 잘하려면 두 가지 잣대를 가지고 있어야한다. 그리고 적절한 순간에 이론과 실제를 구분할 수 있어야 한다.

예카테리나 여제

모빙이 주로 남자들에게 일어나는 현상이라고 믿는 사람이 있다면, 이는 커다란 착각이다. 이런 견해는 현재는 물론이고, 과거에도 틀렸다. 대표적인 여성 모빙의 대가로 러시아의 여황제였던 예카테리나 1세를 들 수 있다.

예카테리나는 리투아니아 마리엔부르크의 루터교 목사 집에서 하녀로 성장하였고, 처녀시절 도시가 점령당하는 것을 직접 보았다. 출세의 사다리에 오르기 위해 그녀는 사령관의 침대에 뛰어들었고, 마침내 러시아 황제의 야영 침대에까지 이르게 되었다.

이곳에서 그녀가 할 일은 아주 많았다. 표트르 1세의 기분이 우울할 때마다 그의 심사를 달래주어야 했고, 그가 발작이라도 일으키면 진정시켜주어야 했다. 하지만 이렇듯 굴종스런 일도 1712년 그녀가 표트르와 결혼하게 됨으로써 막을 내렸다. 그리고 12년이 지난 뒤, 그녀는 대망의 왕관을 쓰게 되었다.

황제가 죽은 다음, 그녀는 자신의 입지를 다지고, 그 누구도 넘보지 못할 막강한 여제가 되어야 하는 과제가 남아 있었다. 예카테리나는 이탈리아 모빙의 대가인 니콜로 마키아벨리의 원칙, 즉 새로운 땅을 정복하면 그 땅을 지배하던 지배자와 가족들을 반드시 죽여야 한다는 원칙에 따라 법적인 상속자들을 신속하게 처단했다.

재능이 있기에 능숙하게 모빙을 했던 예카테리나는 혼자서 지배구조를 확고하게 다지는 일이 불가능하다는 점을 깨달았다. 그녀는 자신이 여자라는 무기를 적절히 활용했다. 장관을 비롯하여 그녀와 가까운 정치인라면 모두 그녀의 애인이 되었다. 하지만, 몸을 이용하는 전략을 너무 진지하게 구사하면, 누구나 감정의 덫에 걸려들기 쉽다. 그녀 역시 마찬가지였다.

포템킨 제후와 함께 그녀는 마음에 드는 남자를 골랐는데, 바로 그가 그녀의 적에게 정보를 제공하는 끄나풀이었던 것이다. 이 무리들은 터무니없는 말로 예카테리나를 속이려 했지만, 끝내 그녀는 속지 않았고, 포템킨은 예카테리나의 지배체계를 무너뜨릴 수 없었다. 결정적인 순간에 여제는 이성을 되찾아 과거의 자신으로 돌아갔고, 결국 자신의 딸 엘리자베스에게 왕관을 물려줄 수도 있었다.

예카테리나 여제의 이야기는 모빙의 대가급인 사람들도 항상 조심해야 한다는 점을 말해준다. 만약 상대방이 자신과 마찬가지로 몸을 이용하는 감성적 전략을 잘 다룰 줄 안다면, 그(그녀)가 덫에 걸리는 건 시간문제이다.

칼 마르크스

믿기 어려운 사실이 있다. 공산주의 주창자이며, 오늘날에도 일부 세계에서 정신적인 아버지로 추앙받는 마르크스가 실은 온갖 속임수를 사용하며 탁월하게 모빙을 한 사람이었다는 것이다. 수많은 인물 가운데 하필이면 마르크스가 모빙의 대가라고?

인간들끼리 평등하게 살 수 있는 계급 없는 사회를 발견했고, 균등한 재산으로 평화롭게 살 것을 주장했던 이 남자는, 정작 자신의 사생활에서는 전혀 그렇지 않았던 것이다. 그에게 동정심과 이타적인 면이라고는 조금도 없었다. 그의 모빙 대상자는 가장 친한 친구였던 프리드리히 엥겔스였다.

칼 마르크스는 아주 영리했지만, 흔히 똑똑한 사람들이 그렇듯이 그 역시 몹시 가난했다. 다행스럽게도 부유한 엥겔스는 오랫동안 그의 친구가 되어주었다. 마침 엥겔스가 마르크스와 비슷한 구상을 체계화하는 중이었는데, 마르크스의 생각을 전해듣자 열광적으로 수용하게 되었다.

마르크스와 달리 부유한 상인의 아들이었던 엥겔스는 재정적으로 안정되어 있었기에, 특별한 상금 따위에 연연해 하지 않아도 되었고, 세계의 운명이 걸린 글을 쓰는데 전념할 수 있었다. 마르크스는 이런 배경을 가진 엥겔스를 친구로 삼아, 자신의 뜻을 펼칠 계획을 세웠다. 서둘러 그는 자신을 위해 일할 조직을 만들고, 자금 지원자로 엥겔스를 선택했다. 그러니까 엥겔스는 마르크스의 보호자이자 스폰서가 된 것이다.

하지만 평등을 주장한 이 위대한 이론가는 부자 친구에게 얻어낸 돈을 왜 아내와 함께 나누어 써야 하는지 이유를 알 수 없었다. 그는 집안과 아내를 돌보지 않은 채 기부금을 혼자서 착복했다.

마르크스 역시 루소처럼 저서를 통해 교란 전략을 펼쳤다. 저서에서 그는 더 나은 세상, 즉 계급이 없고, 모두가 평등하며, 어느 누구도 가난으로 고생하지 않고, 또 부자라고 하여 함부로 지배하지 못하는 사회라는 이상을 팔았던 것이다. 하지만 혼자 돈을 쓰기 위해, 자신의 아내까지 내팽개친 남자의 말을 어떻게 보아야 할까?

어쨌거나 마르크스는 이데올로기를 빙자하여 엥겔스를 성공적으로 모빙한 것이다. 엥겔스는 이상주의자를 후원한다고 꾸준히 돈을 대었지만, 결국 한 이기주의자를 지지한 꼴이 된다. 다시 말해 엥겔스는 마르크스에게 재정적인 발판을 제공하였고, 마르크스는 이를 즐긴 셈이 되는 것이다. 거기다가 대부분의 공적을 마르크스 자신에게로 돌렸다.

이런 마르크스야말로 타고난 공산주의자이자 탁월한 모빙 전문가가 아니고 무엇이겠는가!

비스마르크

이제 우리는 19세기의 가장 뛰어난 '모빙의 대가'에 대해 이야기해야 한다. 오토 폰 비스마르크는 전세대를 통틀어 막스 베버적 의미에서 '책임감 있게 모빙하는 사람' 의 전형적인 예이다.

1871년 독일제국이 창건된 뒤, 비스마르크가 오늘의 독일을 만들었다는 것이 결정적인 증거가 된다. 그는 국내외 정치에서 성공적으로 모빙하면, 평화를 얻을 수 있을 뿐 아니라 자신의 경력과 사회 전체의 복지에도 도움이 된다는 점을 보여주었다. 엄밀히 말해 그가 없었다면, 사실 독일제국의 창건조차 불가능했을 것이다.

흔히 탁월한 모빙을 하는 사람들이 그렇듯, 그의 성공 또한 적절한 타이밍 덕을 톡톡히 보았다. 당시 프로이센의 왕이었던 빌헬름 1세는 1860년부터 군의 개혁을 준비했지만, 프로이센 의회가 이를 거부하고 나섰다. 이로 인해 발생한 대립은 1862년 쌍방이 봉쇄조치를 취하기에 이르렀고, 그 결과 빌헬름은 제국의 장관을 맡길 인물조차 찾을 수 없었다.

당시 평범한 의원에 불과했던 비스마르크는 이 기회를 놓치지 않았다. 그는 빌헬름이 원하는 군의 개혁을 의회의 동의 없이 추진하겠다고 제안했다. 그후 덴마크, 오스트리아, 프랑스와의 전쟁을 승리로 이끌었고, 결국 왕으로부터 인정을 받아냈다.

국회를 다루는데 있어서도 비스마르크는 위대한 모빙 능력을 보여주었다. 그는 의원과 원내 교섭단체를 요리조리 이용하고 번갈아가며 제휴를 맺는가 하면, 경우에 따라 사탕과 채찍을 사용하기도 했다. 그는 의원들을 여러번 진퇴양난으로 몰아넣어, 그들이 자신의 정책을 수용할 수밖에 없도록 만들었다. 앞에서 언급한 것처럼 군대의 개혁이 좋은 예가 된다.

비스마르크는 일련의 전쟁에서 승리를 거두었고, 이로써 북독일 연맹은 프로이센의 지배하에 놓이게 되었다. 이것이 단일한 국가를 만들 수 있는 주춧돌이 되었으며, 자유주의자들을 궁지로 몰아넣는 결과가 되었다. 자유주의자들은 군의 개혁을 헌법위반으로 보았지만, 이들이 찬성할 수밖에 없었던 이유는 단일국가에 대한 강렬한 요구를 물리칠 수 없었기 때문이다. 이것이야말로 정치계에서 이루어진 천재적인 모빙이라 하지 않을 수 없다.

비스마르크는 1871년 이후 제국의 수상이 되어서도 여전히 능란하게 처신했다. 국내정치에서 그는 지금까지 사용해 왔던 전략을 계속 이용했고, 국제정치에서는 연대 전략을 한껏 활용했다. 유럽에서 연맹을 결성함으로써 조상 대대로 적대적 관계인 프랑스를 고립시켰다. 공공연하게 연맹을 결성하거나 암암리에 상호군사지원조약을 맺는 방법이었다.

이런 연맹은 너무나 복잡하게 얽혀 있어, 어떤 형태로 누구와 결성했는지 오직 비스마르크만 알 수 있었다. 그만의 '계약을 통한 모빙'은 프랑스뿐 아니라 자신의 파트너이자 경쟁자에게도 이루어졌고, 효과 또한 뛰어났다.

1890년 비스마르크가 사임한 뒤, 그처럼 안정적이던 연맹이 하나 둘 해체되고, 1차세계대전이 발발한 것은 모두 빌헬름 2세의 무능력 때문이 아닐까.

마하트마 간디

평화적인 저항(비폭력 시위)의 선구자이며, 인도 독립의 아버지이자, 해가 지지 않던 나라 영국의 권력에 두려움 없이 대항했던 그가 모빙을 했다고? 예상 밖이겠지만, 모빙과 평화주의는 대립되는 개념이 아니라, 오히려 서로 잘 어울리는 한쌍이다. 심지어 서로 종속되어 있다고까지 말할 수 있다.

간디는 당시 인도에 대한 영국의 통치체제를 모빙했다. 그것도 상당히 성공적으로 말이다. 우리가 역사를 통해 잘 알고 있듯이, 결국 영국은 1947년에 경제적으로 가장 중요하게 여기던 식민지 인도를 포기하고 말았다. 보통 자유나 독립을 얻기 위하여 수많은 군인과 무기가 투입되고 인명이 희생되지만, 마하트마 간디는 단순하고 기본적인 수단만 사용하여 독립을 이루어냈다. 이러한 그의 저항은 영국 제국주의적 권력의 종말을 알리는 시초가 되었다.

간디의 모빙 전략은 다름 아닌 게임규칙을 무시하고 바꾸는 전략이었다. 간디나 다른 평화주의자들이 그랬듯이, 비폭력 저항을 하려면 언제나 이 전략을 기본으로 해야 된다. 그러니까 정권이 외부로부터 공공연한 압박을 받을 때까지 사회·정치적으로 게임규칙을 계속 무시하는 것이다.

이런 경우, 권력이란 총대에서 나오지 않는다고 한 한나 아렌트

(Hannah Arendt)의 말이 꼭 맞는다.

권력이란 모빙의 대가를 지지하는 사람들로부터 나오는 것이다. 평화를 추종하는 투사들은 옆 사람에게 반항의식을 전염시키고, 저항하는 군중의 숫자가 감당하기 어려울 만큼 증가하면, 게임규칙을 새롭게 정하고 과거의 룰이 더이상 통용되지 않는 상황이 온다.

게임규칙을 무시하고 바꾸는 전략은 이렇듯 효과적인데, 왜 사람들이 자주 사용하지 않는지 모르겠다.

콘라드 아데나워

우리는 2차세계대전 이후의 저명한 정치가 가운데 모빙의 대가 여럿을 얘기할 수 있지만, 특히 눈에 띄는 정치가 한 사람만 다루고자 한다. 그가 바로 독일의 첫 수상을 지냈던 콘라드 아데나워이다. 쾰른의 시장에 불과했었던 그가 수상으로까지 진출할 수 있었던 능력이 발탁 배경이라고 할 수 있다.

그는 정치적인 부담을 주는 스타일이 아니었기에, 1945년 독일에 주둔했던 강대국들에게 무한한 신뢰를 얻을 수 있었다. 하지만 당시 인물이 아데나워만 있던 것이 아니었다. 그만한 능력과 정치적인 경험을 갖춘 사람을 꼽으라고 한다면, 족히 수십 명은 되었을 것이다. 가령 사민당 계열의 쿠르트 슈마허도 들 수 있다.

그런데 아데나워는 결정적인 순간이 오면 다른 사람들과 전혀 다르게 행동했다. 완벽하게 모빙을 할 줄 알았던 그는 판이 어떻게 돌아가는지 알고 있었으며, 어떤 방식으로 누구와 맞서고 협력해야 할지 재빨리 파악할 줄 알았던 것이다.

그의 탁월한 모빙 능력에 첫 희생자가 된 사람은 그의 뒤를 이어 수상자리에 올랐던 루드비히 에어하르트였다. 에어하르트는 아데나워로부터 모빙을 당해 시퍼렇게 멍드는 경험을 했지만, 독일은 경제 기적을 경험했다. 에어하르트는 2차세계대전 이후 완전히 새롭게 시작하는 독일의 수상을 맡기에 적합한 인물이었는지도 모른다. 어찌되었건 그는 아데나워 집권시절 재정부 장관을 지내면서, 역사상 가장 크게 성공을 거둔 인물이었다. 당원들은 그를 차기 수상감으로 꼽고 있었다. 그 사이에 모빙 능력을 갖추게 된 에어하르트는 당의 분위기를 파악할 수 있었고, 자신을 반대하는 장관에게 모빙을 가하기도 했다.

에어하르트를 그다지 좋아하지 않던 아데나워는 재정부 장관의 성공에 찬물을 끼얹는 노력을 계속했다. 이를 위해 그는 관료적인 모빙 수단을 사용했는데, 소위 말해 '직접면담' 이라는 것이었다. 당시는 특정 부처의 관할에 속하는 단체나 집단이 수상과 직접면담하는 것이 금지되어 있었다. 이는 바이마르 공화국 때 그렇게 정해놓았던 규칙이었다. 때문에 경제인들은 재정부 장관과 면담을 하고, 수상과는 어떤 약속도 잡을 수 없었다.

그런데 아데나워의 집권시절은 전혀 달랐다. 신생 공화국의 수상은 직접면담을 통해 얻을 수 있는 권력이 어떤 것인지 잘 알았기에,

그는 직접면담을 십분 활용하고 정책에 반영했다.

아데나워는 일상의 정치에서 통용되던 게임규칙을 바꾸었고, 원하면 언제라도 부하들의 권위에 상처를 입혔다. 만약 에어하르트가 산업계에 불리한 조치를 내리면, 경제인들은 아데나워에게 면담을 신청해버렸다. 그러면 아데나워는 재정부 장관이 내린 조치를 무효로 만들어버리고는 했다.

결국 아데나워는 이익단체가 가장 좋아하는 수상이자, 자신들의 처지를 가장 잘 이해해주는 마음씨 좋은 아저씨가 되었다. 반대로 에어하르트는 통찰력도 없고, 고집만 센 독선주의자로 원칙만 신봉하느라 독일경제의 이익을 잃어버리는 사람으로 취급당했다.

보복은 1961년에 나타났다. 자민당이 조건을 내세워 기민당과의 연합을 허용했던 것이다. 그러니까 아데나워가 2년 동안만 수상을 맡고, 그 다음에는 에어하르트에게 수상자리를 물려주어야 한다는 조건이었다.

사실 아데나워 입장에서 자신의 후계자로 루드비히 에어하르트를 지명하는 일이란 가장 끔찍한 패배를 의미했다. 그는 거절하고 싶었지만, 달리 방도가 없었다. 거의 완벽하게 모빙했던 그의 시대가 지나가고 있는 것이었다.

그러니까 이점을 명심해야 한다. 진정한 모빙의 대가라 할 수 있는 사람은 자신의 시대가 언제 오는지, 언제 후배들에게 모빙의 영역을 물려주어야 하는지를 알아야 한다. 왜냐하면 완벽한 제왕적 모빙이란 거의 전권을 휘어잡는 일이기 때문이다.

리처드 닉슨

리처드 닉슨은 모빙에 타고난 재주가 있었을 뿐만 아니라, 철저한 사기꾼이기도 했다. 그가 선거전에서 기부금을 받았다는 사실이 폭로되자 — 요즘과 달리 50년대에는 이런 일들이 비일비재했다 — 텔레비전에 출연하여 정치계를 떠난다는 결심을 밝힐 예정이었다. 그런데 30분짜리 생방송을 기다리던 중, 그는 들고 있던 기자회견용 원고를 연습하는 대신 결심을 바꾸었다. 결국 기부금을 받은 자신의 행위를 인간적인 일인 것처럼 정당화시켰던 것이다.

그가 쓴 전략은 고전적 방법인 '주의를 다른 곳으로 돌리기 : 교란 전략' 이었다. 닉슨은 자신의 가족과 애완견 체커스를 함께 출연시켜, 시청자들에게 자상하고 가정적인 남자라는 인상을 심어주려고 노력했다. 카메라에 비친 가족은 물론, 귀엽게 귀를 쫑긋 세우고 있는 강아지마저도 슬픈 인상을 풍겼던 것이다.

그리고 말솜씨가 뛰어난 그는, 자신이 한 가정의 책임 있는 아버지로 살면서 단 한번 증여를 받은 적이 있다고 시인했다. 그것은 다름 아닌 애완견 체커스였다. 닉슨은 이제 이 강아지가 딸의 것이라고 덧붙이면서, "우리는 사랑스러운 이 강아지를 너무나 키우고 싶었습니다"라고 말했다. 이렇게 나오는데 어느 누가 그를 비난할 수 있겠는가?

누가 가족을 부양하는 아버지를 빼앗을 만큼 잔인할 수 있겠는가? 닉슨의 속임수는 훗날 '체커스 스피치'라는 유행어로 유명해졌는데, 어쨌거나 이 속임수는 뛰어난 효과를 발휘했다. 방송이 나간 뒤 '검은 돈'에 쏟아졌던 대중의 관심은 사라지고, 닉슨의 가족과 품위 있는 그의 태도, 따뜻한 인간미에 관심이 집중되었다. 이런 식으로 닉슨은 자신을 반대하던 정치인과 언론을 성공적으로 눌렀다.

그가 대가를 치르게 된 것은 이로부터 시간이 훨씬 지난 뒤였다. 알다시피 그는 미합중국의 대통령이 되었고, 이때에도 과거에 사용했던 모빙 전략을 활용했다. 하지만 그가 두었던 장기판은 스스로를 덫에 빠지게 만든 유명한 워터게이트 사건이었다. 대통령 후보자였던 그는 워터게이트 빌딩에 있는 민주당 전국위원회 사무실에 도청 장치를 했고, 이를 통해 경쟁자의 정보를 수집하여, 민주당 후보에게 불리한 소문을 퍼뜨리며 궁지로 몰아넣었다. 물론 닉슨이 선거에서 이겼지만, 결국 사건이 폭로되자 그는 모든 것을 잃고 말았다. 제임스 본드 같은 첩보원이나 사용할 수 있는 장치를 무리하게 설치한 그의 아마추어적인 행동이 아닐 수 없다.

여왕 엘리자베스 2세

영국 여왕에 대해서는 이미 몇번 언급을 한 바 있다. 이 책의 뒷부분에 모빙의 대가 10걸을 선정한 리스트가 나온다. 우리는 그녀에게 기꺼이 1위 자리를 내주었다.

엘리자베스 2세야말로 감히 근접할 수 없는 존엄을 지키면서도 ─ 필요한 경우 어떤 희생을 치르더라도 ─ 자신의 이익을 구하는데 있어서 타의 추종을 불허하는 인물이다. 그런데 아무리 생각해보아도, 이 경우는 너무나 가혹하다. 왜냐하면 여왕이 모빙하는 대상은 다름 아닌 자신의 아들이자, 어쩌면 미래에 왕관을 이어받을지도 모르는 찰스 황태자이니 말이다.

엘리자베스가 찰스의 나이였을 때, 그녀는 이미 즉위 몇주년을 기념하는 축하연을 열었지만, 아들은 어머니가 죽을 때까지 기다려야 하는 운명이다. 만약 여왕이 그녀의 어머니만큼 오래 산다면, 찰스는 왕위를 이어받는 동시에 양로원에 들어갈 준비를 곧바로 해야 되지 않을까.

윈즈 가문의 게임규칙을 정하는 사람은 오로지 여왕뿐이다. 찰스가 무대에 등장할 때마다 여왕은 늘 한 발자국 앞서간다. 모든 중요한 결정은 그녀가 내리고, 대중에게 지대한 영향력을 행사할 수 있는 자리에는 언제나 그녀가 참석한다. 찰스는 기껏해야 환경보호나 건강한 식습관 같은 문제에만 관여할 수 있을 뿐이다. 그러니 당연히 그가 과소평가될 수밖에 없다. 왕족출신의 환경보호자를 누가 중요하게 받아들일 수 있겠는가?

왕위계승자에게 주어졌던 절호의 기회는 다이애나와의 결혼이었다. 이 결혼으로 그는 과거에 한번도 얻지 못했던 인기를 누릴 수 있었다. 하지만 얼마 못가 결혼은 깨지고 말았는데, 이유는 찰스가 다이애나 몰래 카밀라 파커 볼즈와 밀회를 즐겼기 때문만은 아니었다. 사악한 시어머니 엘리자베스가 한몫을 한 것이다.

황태자 부부는 여왕 때문에 버킹엄 궁전에서 확고한 자리를 잡지 못했고, 행복하게 살 수 있는 시간도 갖지 못했다. 그녀는 심복들로 하여금 젊은 부부가 서로 의심할 만한 소문들을 퍼뜨리도록 유도했다. 여왕이 찰스와 카밀라의 내연관계는 물론이고, 다이애나와 집사들, 승마교사 사이의 관계를 놓칠 리 없었다. 그처럼 자신에게 유리한 정보를 누군들 이용하지 않겠는가?

여왕이 두번째로 이용했던 수단은 엄격한 왕가의 법도였다. 이 역시 엘리자베스가 단독으로 결정하는 게임규칙이었다. 다이애나는 영국 왕실과 윈즈가의 냉정한 분위기, 이 속에서 자신이 이류인간으로 취급당하는 것에 대하여 자주 불만을 터뜨렸다.

한편 엘리자베스에게 있어, 왕실의 법도에 완벽하게 적응하지 못하는데다 국민적 인기를 한몸에 얻고 있는 다이애나가 위험한 존재가 아닐 수 없었다. 때문에 그녀는 항상 다이애나와 거리를 두었고 대중 앞에서는 방어자세를 취하곤 했는데, 이러한 그녀의 행동이 훌륭한 효과를 보게 되었다. 그렇지 않았다면 다이애나가 거식증이나 우울증에 걸릴 이유가 없었을 테니 말이다. 하지만 이혼한 이후 다이애나는 이러한 질병으로부터 해방되었다.

황태자의 이혼은 여왕이 성공적으로 모빙한 결과이다. 결국 다이애나는 지중해의 목가적인 지역으로 들어갔고, 사람들의 마음속에 자리잡은 여왕이 되었다. 찰스는 당분간 모습을 드러내지 않았다. 엘리자베스는 다시금 윈즈가의 확고한 우두머리가 되었다.

하지만 갑작스러운 다이애나의 죽음으로 인해, 여왕은 그때까지의 게임규칙과 반대로 대중 앞에서 머리를 조아려야 했다. 물론 다이애나의 관 앞에서 말이다.

만약 엘리자베스가 이 사건으로 아무 것도 배우지 못했다면, 그녀는 모빙을 그다지 잘하는 사람이 아닐 것이다. 어쨌거나 최근 들어 그녀는 왕실의 규칙들을 어느 정도 느슨하게 만들었고, 과거에 비해 보다 현대적이고 관대한 모습을 보여주고 있다. 찰스가 애인 카밀라와 공공연하게 손을 잡고 다니는 행동도 참고 보아줄 정도로 말이다. 이런 식으로 여왕은 사랑과 조화를 갈구하는 대중의 기대에 응답하고 있는 것이다.

하지만 지금도 여왕은 배후에서 카밀라와 교묘한 게임을 벌이고 있음이 의심할 여지없이 분명하다. 다이애나 때처럼 말이다. 이것은 찰스와 관련된 문제이며, 나아가 자신의 아들이자 왕위계승자의 문제이고, 결국 권력의 행방이 달린 문제인 것이다.

엘리자베스 여왕은 모빙의 대가들 중에서도 최고의 자리에 앉아 전혀 손색이 없다. 그녀는 분명 모빙 전략의 최고봉인 '제왕적 전략'을 자유자재로 휘두를 줄 아는 여왕임에 틀림없다!

제3부

M   O   B

일상생활에서 한판 힘겨루기

— 모빙의 제왕 되기 · 1

I N G

이제 우리는 유명인사들의 세계를 떠나, 평범한 사람들이 겪게 되는 갈등으로 관심을 돌리고자 한다. 우리 모두에게 – 잘 살든 못 살든 – 통하는 기본 원칙이 있다. **그것은 바로 일상생활에서 행하는 모빙이 우리를 행복하고 편안하게 만들어준다는 원칙이다.** 지금부터 평범하던 우리의 삶에 기쁨이 찾아오는 모습을 지켜보도록 하자.

휴가지에서 좋은 자리 차지하기

1996년 여론조사기관인 포르사 연구소가 실시한 설문조사에 따르면, 총 1,067명의 응답자 가운데 80퍼센트가 시기심 때문에 마음고생을 한 적이 있다고 답변했다. 5명 가운데 4명이 타인의 시기심에 걸려 고통을 당한 적이 있다는 사실을 믿을 수 있겠는가?

우리가 누군가를 시기하는 이유는 낮은 도덕의식과 인간의 사악한 성향 때문이다. 사악한 성향이라면 악의, 질투, 명예욕, 경쟁심, 혹은 능력을 발휘해야 한다는 노이로제 등을 얘기할 수 있을 것이다. 우리는 인간의 이런 성향을 겸허히 받아들여야 한다. 우리가 살고 있는 세상은 대립과 무질서가 난무하며, 파렴치하고 무례한 짓을 함으로써 쾌감을 느끼는 인간들이 살고 있는 곳이기도 하다.

만약 이 사회가 덜 창조적이고 덜 생산적이라면 패배자는 그만큼 더 많아진다. 이들은 중요한 역할에서 밀려나 좌절과 무기력감을 느끼게 될 것이다. 또 스스로 느끼는 좌절감이 심각할수록 더욱 나쁜 생각에 빠져들 수 있다. 한마디로 이들은 자신이 입은 손실을 보상하기 위해 복수의 칼날 — 부당하게 이익을 취하거나, 험담과 소문을 퍼뜨리고, 간계를 부리는 등 — 을 죄 없는 우리에게 들이대는 것이다.

운이 나쁘면, 휴가를 가서도 이런 종류의 시기심 많고 질 나쁜 사람들을 만날 수 있다. 일년 내내 꿈꾸고 계획해 왔던 당신의 휴가를 이런 인간들이 완전히 망치도록 내버려둘 것인가? 절대로 그럴 수 없다. 우리는 인기 있는 휴양지 스페인의 마요르카 섬을 답사하면서, 휴가지에서 가할 수 있는 모빙의 실례를 소개하겠다.

여행가방을 챙기면서 당신은 지중해의 빛나는 태양, 야자수, 백사장을 꿈꾸며 행복감에 젖어들 것이다. 그런데 비행장에 도착하면서부터 줄지어 서서 기다리는 사람들로 인해 스트레스를 받는다. 어쨌거나 당신은 2시간 30분 동안만 참으면 마요르카의 호텔에 도착한다. 드디어 꿈꾸던 휴가가 시작된 것이다.

다음날 아침, 수영을 하려고 풀장에 나왔다. 그런데 풀장 안의 모든 의자에 수건이 놓여 있는 것이 아닌가. 빌어먹을! 집에서 느긋하게 눕곤 하던 소파가 그립기까지 하다. 알고 보니 투숙객은 200여명인데 단 20개의 의자만 호텔측에서 준비해 놓았다는 사실이 밝혀진다. **순간 당신은 호텔을 잘못 선택했다고 후회한다. 일년 중 가장 좋은 시기에 떠나는 황금 같은 휴가인데 말이다.**

하지만 이미 엎질러진 물, 실망한 당신이 수영이나 하려고 풀장으로 간다. 그러나 웬걸, 십대 녀석들이 풀을 가득 메우고 있는 모습을 보게 된다. 급기야 당신은 화가 무럭무럭 치밀어 오른다.

휴가 온 사람들 중에는 시기심 많은 사람, 사회에서 성공하지 못한 자들도 부지기수이다. 일상생활에서 이런 사람들을 흔히 볼 수 있다. 어쩌면 풀장 그늘에 누워 음료수를 마시고 있는 사람 중에서, 당신이 싫어하는 이웃이나, 출세에 목숨을 건 동료, 혹은 당신의 여자친구를 빼앗아간 아놀드 슈왈츠네거 같은 녀석을 발견하게 될지도 모르는 일이다.

이 가혹한 운명을 어떻게 견디어야 할까? 이런 인간들 때문에 당신의 휴가를 망쳐야 할까?

절대 그렇지 않다! 레저를 전문적으로 연구하는 사람들과 우리가 제시하는 모빙 전략은, 당신이 다음과 같이 행동할 것을 조언한다.

- 우선 좋은 위치에 있는 의자 하나를 점찍은 다음, 주인이 자리를 뜰 때까지 기다린다. 의자가 비면 재빨리 의자를 차지하고, 그 의자의 주인이 당신이라고 설명한다.

- 곧바로 옆 사람과 인사를 나누고, 서로 자리를 지켜주기로 약속한다. 그러니까 맥주를 사러 가거나, 수영을 하거나 혹은 화장실을 가기 위해 자리를 비워야 할 때를 대비해서 말이다. 이렇게 하면 의자를 차지한 사람들과 연대를 결성할 수 있다.

- 종업원에게 팁을 주고 자리를 지켜달라고 부탁할 수도 있다. 더 좋은 방법은 호텔매니저를 당신 사람으로 만드는 것이다. 그러면 이 매니저는 당신을 특별히 잘 보살피라는 지

시를 부하직원에게 내릴 것이고, 새벽 5시부터 당신의 자리가 예약되어 있을 것이다. 이렇게 하려면 '제왕적 전략'을 사용해야 한다.

🕱 만약 당신이 잠깐 자리를 비운 사이, 낯선 사람이 근처로 슬금슬금 다가가면, 당신은 그에게 큰 제스처와 함께 고함을 질러 그가 자리에 앉지 않도록 표시해야 한다. 그곳이 당신의 자리임을 믿도록 가능하면 크게 소리를 질러야 한다.

🕱 이 의자가 당신의 자리임을 알 수 있도록, 의자 주위에 잡동사니를 늘어놓는 것도 좋은 방법이다. 맥주캔이나 콜라병, 선탠오일, 수건, 비누, 심지어는 고양이 같은 애완동물도 좋다. 물건이 많으면 많을수록 효과적이다.

🕱 휴가 내내 풀장에 좋은 자리를 잡으려면, 당번제를 도입하도록 한다. 이를테면 일행과 번갈아가면서 의자를 지키는 것이다. 혹은 이른 새벽부터 의자 위에 소지품을 놓아두는 것도 괜찮은 방법이다.

요즘은 호텔에서도 모빙을 해야 하는 분위기이다. 시기심에 찬 사람들이 휴양지에 있는 호텔이나 클럽에서 점점 더 폭력적으로 행동하는 추세이니 말이다. 저녁을 먹으러 식당에 갔을 때 자리다툼을 하거나, 혹은 해변가에서 서로 의자를 차지하려고 싸우는 광경을 떠올려보면, 쉽게 이해가 될 것이다. 이런 곳에서도 우리가 직장에서 이미 경험한 소규모의 전쟁이 치러진다. 한마디로 그럴 권한이 있든 없든, 먼저 차지한 사람이 장땡이 되는 것 말이다. 당신은 이런 일들이 정상적이라고 생각하는가?

휴가를 우울하게 보낼 수는 없는 노릇이다. 만약 이런 일을 당한다면, 제아무리 성공한 사람이라도 정신적으로 불쾌하게 망가질 것이 분명하다.

하지만 어디를 둘러보아도 편안하게 휴식을 취하고, 피부도 갈색으로 잘 태울 수 있는 휴양지란 한 곳도 없다. 카리브 해안이든, 크레타 섬이든, 뤼네부르크 초원이든 예외가 아니다. 이것은 어쩔 수 없는 사회적인 현실이니까. 하지만 우리가 모빙을 통해 조금이나마 피해를 덜 입을 수 있다.

모빙은 물이나 밥처럼, 이미 우리 삶의 한 부분이다. 우리는 다른 사람과 끊임없이 마찰을 빚을 수밖에 없는 상황에 처하여 있다. 이런 쓰라린 현실 앞에서 두 눈을 꼭 감고 모른 척한다고 해결되는 건 아무 것도 없다.

일찍이 수녀원의 수녀들뿐 아니라, 로빈슨 크루소도 모빙을 했다. 프라이데이와 식인종이 그의 섬에 왔을 때, 로빈슨 크루소는 어쩔 수 없이 모빙하는 법을 배워야 했다. 매우 안타깝고 유감스럽지만, 우리의 현실이 그렇다!

집안끼리 경쟁에서 승리하기

오래전부터 경제계에 통용되던 말이 있다. '신경제는 사라지고, 전통이 되살아난다는 것.' 신경제에서 혜성처럼 나타났던 신종 벼락부자들이 잠시 동안 대단한 사람으로 보일 수 있었다. 금광에서 노다지를 캐어 부자가 되는 꿈을 꾸던 서부개척시대처럼 투자자들이 도취상태에 빠져 있는 동안, 신경제 시장의 재정 전략은 위험수위에 이르렀다. 투자자들은 기업의 높은 유동자산을 빈약한 구상, 모험, 헛된 수치로 낭비하였으며, 결국 회사들을 망하게 했다. 그들이 객관성을 잃지 않았더라면 좋았을 텐데!

만일 투자자들이 과거의 여러 구상과 해결책들을 연구하고 행하였더라면, 지금처럼 깊은 나락에 빠지지는 않았을 것이다. 축적된 경험을 바탕으로 얻어낸 장기적인 전략과 구상만이 지속적인 성공을 보장해주는 것이다. 이것은 모빙에도 해당된다. **과거에 모빙을 시험한 사람들로부터 우리는 많은 것을 배울 수 있다.**

모빙을 시도하려는 사람 가운데 지적 욕구가 있는 자라면, 휴가철이 그에게 유익한 기회를 제공할 것이다. 관찰은 살아 있는 교과서가 되며, 답사여행은 멋진 결과를 가져오기 때문이다. 우리는 아래의 여행지를 기꺼이 추천한다.

나지막한 언덕과 계곡, 해변이 있는 토스카나 지방은 이탈리아에서도 가장 유명하고 인기 있는 지역이다. 많은 이들이 우선 독특한 시가지와 감동적인 풍경이 있는 피렌체를 떠올릴 것이다. 하지만 **중세시대에 모빙으로 이름을 떨친 성들이 그 부근에 있다는 사실을 누가 알겠는가?**

피렌체 남서쪽에는 매력적인 소도시 성 지미냐노가 있다. 가파른 언덕에 불쑥불쑥 솟아 있는 탑을 보면, 마치 거대도시 고층건물의 스카이라인을 떠오르게 한다. 수많은 관광객이 다녀갔던 이곳을 토스카나의 맨해튼이라고 부른다.

부유했던 도시 성 지미냐노에서 중세시대 때 서로 죽일 듯한 싸움이 일어나 결국에는 피비린내 나는 분쟁이 벌어졌다. 때문에 건축물과 성채는 적의 공격에도 거뜬히 버틸 수 있을 정도로 튼튼하게 지어졌다. 특권이 있던 가문은 다른 가문이 따라올 수 없을 정도로 높은 '가문의 탑'을 세우기도 했다. 그렇게 해야 지붕에서 다른 집안을 내려다볼 수 있었으니까. 참으로 대단한 심리적 테러가 아니고 무엇인가!

도시에서 가장 높은 탑은 팔라초 델 포폴로라 불리는 54미터 높이의 시청이었다. 살부치 가문은 시청보다 더 높은 탑은 올릴 수 없었으므로, 시청 곁에 50미터 이상 되는 두 탑을 나란히 세웠다. 이런 식으로 모든 시민들에게 자신의 가문이 도시의 통치자보다 더 막강하다는 사실을 알렸던 것이다. 하지만 대대로 내려오던 건축의 전통을 무시하지는 않았다.

그렇지 못한 가문들은 두 탑을 나란히 바라보면서 무기력감을 떨칠 수 없었다. 자존심이 땅에 곤두박질 쳤을 것이다. 자신의 탑보다 더 높은 탑을 쌓은 사람, 아니 그 탑에서 자신들을 내려다보는 사람이 생기자, 이들은 권력의 중심부에서 밀려나지나 않을까 하는 걱정이 들기 시작했다. '라이벌 무시하기 : 과소평가 전략'이 효과를 발휘한 셈이다.

당시 72개였던 탑 가운데 10개 이상이 오늘날에도 남아 있다. 이는 성 지미냐노라는 소도시의 매력만으로 그치지 않는다. 이곳은 모빙의 구체적인 흔적을 건축으로 볼 수 있게 해주는 아주 독특한 곳이다. 이 도시를 다녀간 관광객들은 지미냐노에 대한 아름다운 기억뿐 아니라, 모빙을 시도했던 많은 탑들도 가슴속에 간직하게 될 것이다.

여기서 우리가 배워야 할 중요한 사실이 있다. 그것은 권력, 영향력, 그리고 성공이란 상징물을 통해 보여주어야 한다는 점이다. **힘을 밖으로 나타내지 않으면 아무 소용이 없다. 그러니 당신이 가진 물건을 최대한 활용해야 한다.** 값비싼 자동차, 보석, 루이뷔통 가방, 밀라노산 프라다 외투, 자동차 뒷자석에 있는 골프채, 그밖의 값비싼 물건을 적절하게 이용하면 효과는 배가될 것이다.

그리고 당신이 집을 짓는다면, 자그마한 첨탑을 세워보는 일도 괜찮을 것이다. 다락방이나 테라스가 들어 있는 탑으로 말이다. 이를 본 당신의 이웃들이 미칠 것이며, 친구들도 시기심으로 폭발하고 말 것이다.

모임에서 대장 되기

자, 이런 가정을 해보자. 당신이 모임에 참석한 회원들을 이끌고, 피자나 맥주를 먹으러 갔다고 말이다. ─ 이럴 때 사람들은 주로 단골 테이블에 앉는다 ─ 모임의 회장인 당신이 회합을 주도하고 규칙을 새로 만들기도 한다.

지난번 모임을 떠올리며 편안하게 앉아 있는 당신은 느긋한 미소를 짓는다. 모임에 참석한 회원들은 당신의 위치에, 그리고 모임을 성공적으로 이끌어나가는 당신에게 감탄하고 있다. 그러니 스트레스 받지 않고 회원들과 즐기는 시간이 당신을 아주 기분좋게 만든다. **당신은 모든 것을 해결할 수 있고, 아무도 당신의 자리를 감히 넘보지 않는다.**

하지만 마냥 기뻐만 할 일이 아니다. 어디든 마찬가지겠지만, 이런 경우에도 당신이 모르는 위험이 도사리고 있을지 모르는 일! 예를 들어 어떤 회원이 자신의 친구를 모임에 데리고 나올 수 있다. 그 친구는 유머가 풍부하고, 지적이며, 매력적이기까지 하다. 금세 당신은 문제에 맞닥뜨리게 된다.

당신이 모임을 주도하는 자리에서 갑자기 도전을 받게 된 것이다. **태도가 매력적이며 무엇이든 남보다 많이 아는 척하는 인간이 당신의 자리를 위태롭게 만들고 있다.** 당신의 친구들은 '뉴 페이스'에게 관심을 갖기 시작한다. 심지어 당신이 가장 신뢰하는 회원조차 그에게 열광한다. 자, 이제 어떻게 해야 할까?

당신은 이미 게임의 규칙을 확고하게 만들어놓았다. 그러니 당신이 나서서 규칙을 확장하거나 변형시킨다 해도 비난할 사람이 아무도 없을 것이다. 바로 당신이 대장이며, 앞으로도 그래야만 한다! 이런 독점상황을 십분 활용한 다음 규칙을 바꾸어본다. 그러면 새롭게 등장한 뉴 페이스는 분명히 쫓겨나고 말 것이다.

🏃 회원들을 고급 레스토랑으로 끌고가서, 뉴 페이스가 한턱 내는 분위기로 몰아간다. 그러면 주도권을 뺏으려던 그의 노력이 물거품처럼 사라질 것이다. 물론 신참자가 그럴 만한 능력이 없다는 것을 확실하게 알고 있어야 한다. 그렇지 않다면, 그가 신용카드로 계산할지도 모른다. 그러면 훗날 당신이 분명 뒤통수 맞을 일이 생길 것이다.

🏃 경우에 따라 약속시간과 장소를 몇번씩 번복한다. 이때 특정 사람에게는 이 사실을 알리지 않는 방법으로 회원들

간에 혼란을 조장하는 것이다. 약속장소에서 아무리 기다려도 회원들이 나타나지 않는 경우를 몇번 당한다면, 누가 그 모임에 나가겠는가?

🏃 뉴 페이스가 끼어들기 어려운 주제를 가지고 대화를 이끌어간다. 그럼으로써 다른 회원들이 신참자가 모임에 어울리지 못한다는 인상을 가지도록 유도하는 것이다.

🏃 신규 회원에게 아주 높은 입회비를 받는다.

🏃 모임 때마다 저녁시간을 어떻게 보낼지 모른다는 느낌, 즉 돌발적인 상황을 자주 만들어 뉴 페이스의 마음을 불안하게 만든다. 예를 들어 그의 아내, 과거의 직장상사, 혹은 사이가 나쁜 친구를 초대하는 것이다.

이렇게 한다면 모임은 반드시 당신의 손아귀 안에서 움직이게 될 것이다. **다소 황당한 내용이라 생각되는가? 그래도 실천해보라! 반드시 효과가 있을 것이다.**

여행지에서 텃세 물리치기

이슬비가 부슬부슬 내린다. 지하철을 탔더니 승객들이 시끄럽게 떠들고, 주차장에는 빈 자리가 없다. 뿐만 아니라 치즈케이크를 샀더니, 너무 딱딱해서 먹을 수 없는가 하면, 사무실에는 신경을 곤두서게 하는 얼굴들만 앉아 있다. 아, 어떻게 이런 날이! 우울증을 앓을 것 같은 일만 일어나는가?

이런 순간에 도움되는 것이 무엇일까? 아주 간단하다. 작열하는 태양, 파도, 야자수! 우울한 기분을 말끔하게 씻어줄 멋진 계획을 세우는 것이다.

곧바로 당신은 여행사에 가서 비행기를 예약하고, 수영복과 서핑보드를 여행가방에 챙긴다(당신처럼 성공한 사람이라면, 당연히 시원한 바닷가에서 서핑하는 취미가 있을 것이다). 하지만 주의해야 할 점이 있다. **곧 알게 되겠지만, 여기서도 모빙을 하지 않으면 아무 일도 되지 않는다.**

신문과 텔레비전에서는 서핑하기에 가장 좋은 해변가의 분위기가 심상치 않다는 뉴스를 전해주곤 한다. 기상조건 때문만이 아니다. 파도타기를 하려면 현지 주민과 다툼이 일어나기도 하는데, 주민들 중에서 건달들이 파도 타는 재미를 허락하지 않기 때문이다.

그곳에 사는 서퍼들은 예상치 못한 방법으로 자신들의 구역을 보호한다고 한다. 이를테면 다른 지역 출신으로 '파도를 훔쳐가는 서퍼'에게 주먹을 날리는 식으로 말이다. 몇몇 패거리는 특정 해변을 자신들의 전용구역이라고까지 선포한다. 때문에 캘리포니아 해변에서는 '서퍼 모빙'을 하지 않으면 파도를 탈 수 없을 정도이다.

서퍼들이 바닷가에 나가면 제일 먼저 만나는 사람이 그 지역의 건달들이다. 그들은 이렇게 말한다.

"헤이, 당신 말이야! 서핑을 제법 하는 모양이지. 그런데 미안하지만 이곳 사람이 아니라면 물가에 얼씬거리지도 못할 줄 알아!"

결국 캘리포니아에 **파도를 타러 간 사람들은 서핑은커녕 눈가에 시퍼런 멍이 든 채 집으로 돌아오기 십상이다.**

캘리포니아 해변은 한겨울에도 6미터의 높은 파도가 일면서 많은 비치보이들을 유혹한다. 하지만 괴로운 현실이 있다. 성수기 때면 무기를 소지한 건달들이 순찰을 돌기까지 한다. 당신이 의기양양하게 캘리포니아의 바다를 지배하고 싶다면, 이곳에서 공격당할 수도 있다는 점을 예상해야 한다.

이곳에서는 해변가에 낯선 번호판의 자동차가 주차해 있으면 십중팔구 타이어에 펑크를 내고, 처음 보는 사람들에게는 욕을 할 수도 있으며, 심한 경우 린치를 가하기도 한다. 이런 서퍼들의 전쟁이 캘리포니아에서만 일어나는 현상은 아니다. 하와이, 오스트레일리아, 남아프리카의 해변에서도 상상치 못할 일들이 일어나고 있다.

이처럼 말도 안 되게 분통터지는 상황에 직면했을 때 과연 어떤 모빙이 효과적일까?

모든 갈등이 그렇듯이, 이 경우에도 당신이 이성을 잃어서는 안 된다. 쿨하게 행동하면서 머릿속으로는 여러 가지 전략들을 꼼꼼히 따져본다. 이때는 '소문내기 : 외교적 전략'과 '자세 낮추기 전략'을 사용하면 효과가 우수하다.

만약 바닷가에서 그 지역의 어깨들을 여럿 만나게 되면, 그들간의 경쟁심을 이용하는 것이다. 관광객인 당신이 그들과 오랫동안 대화를 나눈다거나, 그들을 해체시킨다거나, 혹은 다른 조치를 취할 시간적 여유가 없다.

그러므로 건달 그룹에 속하는 한 일원에게, '저기 저 사람들'(말하자면 다른 건달집단)이 이곳을 모두 관할하는지 은근하게 물어본다. 그들 사이를 이간질시키는 것이다.

"저들이 그러더군요. 당신들은 형편없는 서퍼라고……."

또는 특정 건달들의 대장에게 다른 어깨들의 두목이 그의 여자친구에게 접근하더라는 식으로 귀띔한다. 끝내주는 효과가 있을 것이다!

한 주먹집단이 그 지역을 평정하지 않았다면 당신에게 지극히 유리할 수 있다. 그들의 분노와 시기심, 질투심 등을 유발시켜 집단끼리 서로 맞붙도록 한 다음, 당신은 경찰이나 공무원을 부르기만 하면 된다. 경쟁자들이 그 장소에서 끌려가거나 쫓겨나는 것보다 더 좋은 일이 어디 있겠는가? 이제 당신은 그 구역을 마음대로 이용할 수 있게 된다.

만약 단일한 주먹조직과 대면하게 되면, 우리는 자세 낮추

기 전략을 권장하고 싶다.

우선 휴가지에 도착한 첫날, 서핑보드는 방안에 두고 그 지역 토박이들을 초대하여 즉흥파티를 연다. 맥주, 햄버거, 안주, 과일, 음악은 물론 시내에서 급조한 예쁜 아가씨들까지 있는 파티 말이다.

"오늘 저녁, 바닷가에서 멋진 파티가 열린답니다. 모든 게 공짜구요, 끝내주는 남자들과 죽여주는 DJ가 온답니다!" 라고 아가씨들을 유혹하면 된다.

비치파티까지 열었으니, 이제 당신은 확실하게 사람들에게 호감을 얻어야 한다. 현지의 두목이 당신을 새로운 경쟁자로 보지 않도록 주의하면서 말이다. 조심스럽게 아부하면서 몸을 낮추고는 이렇게 말한다.

"형님이 세계 챔피언급 서퍼라고 칭송이 대단하더군요. 내일 시범을 제대로 한번 보여주시죠!"

두목은 틀림없이 경계심을 풀고, 목소리도 한결 부드러워질 것이다. 이제부터 바다는 당신의 것이다.

백화점 세일에서 좋은 물건 싸게 사기

세인의 지명도가 아주 높은 한 남성잡지가 실시한 설문조사에 따르면, 독자의 70퍼센트가 여름떨이 바겐세일과 겨울맞이 바겐세일을 선호하는 것으로 나타났다. 이 잡지의 독자 대부분은, 그런 바겐세일이 없다면 우리의 삶이 얼마나 더 힘들지 생각해보았을 것이다.

양말, 셔츠, 팬티, 바지, 알록달록한 레저복, 비싼 블라우스, 넥타이까지 달려 있는 와이셔츠, 신발, 가전제품까지 **상품판매대에 산더미처럼 쌓여 있는 아까운 기회를 어느 누가 놓치고 싶겠는가?**

하지만 시커멓고 더러운 여러 손들이 상품판매대를 마구 헤집어 놓지 않는다면, 이 연중행사가 더욱 즐거울 것이다. 바겐세일 시즌이 되면 알뜰족을 비롯하여 허영심을 품은 사람, 쇼핑 중독증에 걸린 사람, 밀치고 꼬집고 때리는 사람, 그밖의 온갖 끔찍한 사람들이 아수라장을 이룬다. 아, 생각만 해도 아찔한 일이다.

유감스럽지만 우리의 현실이 그렇다. 여기서 정말 싸고 괜찮은 물건을 건지려면 용의주도한 전략이 필요하다. 과연 누가 다른 사람이 고르고 남은 쓰레기 같은 물건 따위에 만족할 수 있겠는가!

당신도 남들에게 인기있는 물건을 골라잡을 권리가 당연히 있다. 흔히 미친 듯이 물건을 고르는 사람들 가운데 그렇게 생각하는 자들이 많다.

바지든 속옷이든 당신이 정말로 갖고 싶은 상품을 손에 넣을 수 있는 확실한 방법이 없을까? 이제 우리가 그 방법을 소개하겠다.

바겐세일의 진열창이나 골라잡아 사는 판매대에서 만나는 사람들이 어떤 종류의 인간인지는 이미 잘 알려져 있다. 이들은 온종일 시내를 돌아다니는 것 외에 특별한 일을 하지 않는 사람들이다. 반듯한 직장에 다니지도 않고, 괜찮은 취미생활을 즐기지도 않는 이들에게는 시간이 남아 돈다.

이렇듯 땀을 뻘뻘 흘리면서 상품진열대를 마구 뒤지는 사람과 당신은 분명하게 선을 그어야 한다. **자신을 과대평가하는 그런 단순한 인간과 함께 뒹굴기에는 당신의 자존심이 허락치 않는다.**

어떻게 하면 가장 현명하게 처신할 수 있을까? 그렇다! 모빙이다! 지금까지 이 책을 읽어온 당신이라면 어디서든 1등을 할 수 있는 지혜가 있을 것이다. 바겐세일에서 필요한 충고를 주의 깊게 읽도록 하자. 당신도 알다시피, 지금 당장 결단을 내려야 할 시점이다!

가장 좋은 전략은 '끌어안기 전략'이다. 당신이 백화점 입구에 새벽같이 줄을 서고, 서로 먼저 들어가려 몸싸움을 벌이는 군중에 속하고 싶지 않다면, 먼저 이 백화점에 입점해 있는 상점의 주인 한두 명과 우아한 차림으로 외교적인 접촉을 해둘 필요가 있다.

이런 식의 접근은 당신에게 다양한 편리를 제공할 수 있다. 즉, 당신이 세일 상품의 판매대에 도착하기 전에, 이미 쓸 만한 물건을 골라잡을 것이다. 당신에게 애정어린 포옹을 받은 주인은 자신이 숨겨놓은 최상의 물건을 당신에게만 보여줄 수도 있다. 그것도 바겐세일이 시작되기 바로 전날 저녁이나 1시간 전에 말이다.

만일 당신이 끌어안기 전략을 성공적으로 연출했다면, 주인은 당신에게 샴페인까지 대접하면서 물건에 대한 정보를 줄지도 모른다. 그럴 시간이 여의치 않더라도, 남들이 탐내는 물건을 당신에게만 보여주고, 이 제품에 대한 친절한 설명을 해주라고 직원에게 당부할 것이다.

만약 이런 시도가 실패했을 때, 즉 주인이 보여주는 물건이 당신의 마음에 차지 않거나, 당신이 그런 특권을 누릴 만한 사람이라고 주인이 생각치 않는다면, 당신은 다른 모빙 전략을 선택해야 한다.

오랜 시간 줄을 서고, 상품판매대나 계산대 앞에서 기다리면서 시간을 소비하는 행동은 분명 당신이 할 만한 일이 아니다. 시간이 충분하여 이런 일을 대신해줄 수 있는 사람들을 떠올리자. 바로 그들을 모빙 도구로 삼아야 한다.

먼저 바겐세일에 관심이 아주 많다는 것을 표현하여 당신이 상대와 같은 생각임을 내비친다. 가령 이 기간을 잘만 이용하면 우리 생활은 보다 풍요로워질 것이다, 이번에 일찍 일어나 줄을 설 수 있다면 정말 좋겠다라는 식으로 말이다.

이 기간에 **누군가 자신을 대신해 물건을 구입해준다면 더없이 고마운 일이고, 이 사람은 분명 추진력도 대단할 것이라는 뉘앙스를 은근히 풍긴다.** 또한 일종의 연대 전략을 사용하자. 당신을 대신하여 물건을 구입해주면 반드시 보상이 있을 거라고 말하되, 그 약속은 잊어버려도 된다.

만약 당신을 도와줄 의사가 있는 어떤 사람이 새벽 5시부터 백화점 앞에서 줄을 서고 있다면, 다음의 두 가지 방법으로 응수하자.

- 당신이 언제 그곳에 갈 수 있는지 핸드폰으로 알려준다. 당신은 아침잠을 충분히 즐길 수 있고, 느긋한 상태로 좋은 자리에 줄을 설 수 있다.
- 당신을 위해 줄을 서주는 사람에게 상세한 리스트를 미리 건넨다. 상표, 크기, 색상, 가격이 적혀 있는 쪽지를 말이다. 당신은 여유 있게 아침밥을 먹을 수 있다.

스트레스 없이 꼭 필요한 물건을 사려면 해결책을 궁리해야 한다. 당신처럼 중요한 일에 에너지를 소모해야 하는 사람이라면 성가신 일에서 해방되어야 한다. 다행히 당신 주변에는 일상생활의 짐을 덜어주는 사랑스러운 사람들이 꽤 있다. 당신은 감사하는 마음으로 이들을 끌어안아야 한다.

물론 앞에서 알려준 대로 행동해도 일이란 꼬일 수 있다. 이때는 방법이 없다. 당신 혼자서 일을 처리해야 한다. 그렇다고 해서 지나친 걱정은 필요없다. '심리적 테러 전략'을 사용하면 문제가 쉽게 해결될 수 있으니까.

다음에 제시하는 안내문을 정확하게 읽기 바란다! 우리는 모빙 전략의 과정을 매우 상세하게 설명할 것이다. 하지만 성공은 당신이 어떻게 실행하느냐에 달려 있다.

바겐세일 전에 어느 상점의 어떤 물건이 당신의 관심을 끄는지 미리 보아두는 것이 중요하다. 이들을 정리하고 분류한 후, 다음과 같이 움직이자.

🏃 모든 점포에 일착으로 도착할 수는 없으므로 방문할 순서를 정해놓는다. 처음 들어가는 가게는 당신이 제일 먼저 들어간 손님 중 한 사람일 것이므로 그다지 어렵지 않다. 예를 들어 "이 가게는 좀 비싸네" "요즘 이런 것을 누가 입지?"라고 깔보듯 말하면 다른 손님들의 발걸음을 돌리게 할 수 있다. 만약 당신이 우유부단하거나 소심한 성격이라면, 처음부터 그렇듯 심하게 나갈 필요는 없다. 우선 태연하게 행동하고 쿨하게 있으면 된다.

�֍ 다음의 가게부터는 조금씩 어려워진다. 가령 두번째 점포에 들어가면, 이미 당신보다 먼저 온 손님이 물건을 고르고 있을 것이다. 이 손님에게 말을 걸어 이 가게의 옷이 별로 멋지지 않다고 은근히 암시한다. **낮은 목소리로 친절하게 말하면 믿을 것이다.** 만일 그가 당신의 취향을 높이 평가하지 않는다면, 그 사람의 신경을 건드려 결국 그가 점포를 나가도록 만든다.

✖ 가끔 특정한 물건만 고집하는 소비자를 만날 수 있다. 이때 당신은 얼마 전 이 옷을 샀다가 환불처리했다고 말한다. 그리고 파티에 그 옷을 입고 갔더니 3명이나 같은 옷을 입고 있었으며, 또 땀이 전혀 흡수되지 않는다고 말해버린다. 이렇듯 친절하게 설명해주면, 그 손님은 코를 찡그리면서 곧바로 등을 돌릴 것이다.

✖ **심리적 테러 전략을 한껏 활용한다.** 끊임없이 핸드폰이 울리게 하거나, 빽빽 우는 아이를 데리고 가거나, 혹은 물건에 대해 큰소리로 이러쿵저러쿵 간섭을 한다. 만약 당신이 귀청이 찢어질 듯한 소리로, "어머나! 그 옷을 입으면 정말 뚱뚱해 보일걸요!"라고 말하면, 그 점포에는 당신 혼자 남게 될 것이다.

✖ 작은 가게에는 특히 아이를 데려가면 도움이 된다. 아이에게 빛깔이 짙은 딸기나 포도를 바닥에 던지도록 시키면,

다른 손님이 미끄러질 수도 있고 동시에 바닥은 물론 옷에도 얼룩이 생길 수 있다. 모르긴 해도 주인이 당신을 빨리 쫓아내기 위해서라도 제일 먼저 당신에게 서비스하지 않을까.

🏃 만약 당신의 아이가 감기에 걸려 콧물을 흘리고 기침을 하면, 여러 곳에서 이를 십분 이용한다. 분명 길게 늘어선 계산대에서 당신이 먼저 계산할 수 있을 것이다.

물론 이밖에도 수많은 충고와 속임수가 있다. 하지만 선별한 전략을 소개하는 것으로 그치겠다. **자꾸 연습하다보면 누구나 대가가 되는 법.** 그러므로 다음 바겐세일에서는 군중 속으로 뛰어들어 ― 당신의 친구를 대신 보내던가 ― 모빙 전략을 한껏 구사하여 좋은 물건을 값싸게 구입하기 바란다. **다양한 재치로 모빙을 하면 불가능이란 없다.**

사우나와 찜질방에 들어간 타잔

조용히 휴식을 취할 수 있는 시간이 필요하다. 명예, 출세, 행복을 얻기 위해 밤낮으로 일하고 고심하다보면, 스트레스를 받아 자주 피곤해진다. 늘 승자가 되고 출세하기 위하여 노력한다면 삶이 너무 힘들 게 분명하다. 어쩌면 당신도 지금 마음껏 긴장을 풀고 휴식을 취한 다음, 새로운 기분으로 일하고 싶을지 모르겠다.

우리는 오랫동안 그런 장소를 물색했는데, 마침내 당신을 위한 최고의 장소를 발견하게 되었다. **사우나는 완벽하게 모방할 수 있는 낙원으로 그야말로 끝내주는 장소이다!** 이곳에서 우리는 발가벗은 조상 네안데르탈인이 저지르는 모빙까지 볼 수 있다. 또한 이 책에 나와 있는 모든 전략을 시험해볼 수도 있다!

사우나를 하면서 우리는 무엇을 해야 할지 잘 알고 있다. 이해하기 쉽게 중요한 핵심만 지적하겠다.

- 물이나 땀은 항상 아래로 떨어지므로 위쪽에 있는 자리를 차지한다.
- 당신이 좋아하는 차나 음료를 마신다. 보다 쾌적한 시간을 보낼 수 있을 것이다.
- 조용히 휴식을 취하려면 혼자 편안하게 누울 수 있는 긴 의자가 준비되어야 한다.

사우나나 찜질방이 우리에게 줄 수 있는 즐거움은 매우 크지만, 그럼에도 불구하고 주의해야 할 점이 있다. 그러니까 당신이 옷을 벗고 있는 동안 당신을 상징하는 것들, 가령 집, 자동차, 요트, 당신의 남편 혹은 아내가 전혀 보이지 않는다. 때문에 사우나에서는 모든 사람이 똑같아 보인다 — 물론 처음에는 그렇지만, 유심히 보면 사람들을 구별할 수 있다 — 따라서 **사우나에서 가장 유용한 전략은 '몸을 이용한 전략' 이다.** 여기에 몇 가지 충고를 하겠다.

먼저 사우나에 들어갈 때는 한껏 으스댄다. 허세를 부리고 가슴을 쫙 편 채 배를 집어넣고, "이곳에서는 내가 대장일세!" 하고 과시하듯 팔을 휘저으며 걷는다. 당신보다 먼저 온 사람이 제일 윗자리를 차지하고 있다면, 그에게 다가가 고개와 눈짓으로 내려가라는 표시를 한다. 그가 앉아 있던 나무바닥이 축축히 젖어 있으면, 눈썹을 치켜들고 약간 화난 듯한 표정을 짓는다. 그리고 눈을 부릅뜬 채 계속 앉아 있으면, 당신이 자리를 뜨더라도 다른 사람이 그 자리를 가로채기란 쉽지 않을 것이다.

윗자리를 차지했다고 해서 긴장을 풀어서는 안 된다. 가슴을 넓게 펴고 머리를 꼿꼿하게 세운 채, 사우나실을 한바퀴 둘러보는 것이다. 사람들은 감히 당신을 공격할 엄두를 내지 못할 것이다.

가능하면 땀을 많이 흘려야 한다. 이것만으로도 가장 윗자리가 당신의 자리라는 표시를 하는 셈이다. 또한 자신이 '사우나맨' 이라는 사실도 과시할 수 있다. 땀을 뻘뻘 흘리고 있는 당신이 사우나의 터줏대감임을 분명하게 보여주는 것이다.

사우나실에서 나와서도 모든 사람이 당신을 쳐다볼 수 있도록 휴게실을 어슬렁거린다. 그런 다음 특이한 소리를 내며 샤워를 하고, 찬물 속에 첨벙 뛰어들고, 재미있다는 듯이 물을 사방으로 튀게 한다. 아마 주변에 있던 사람들은 찬물세례를 받을 것이다. 또한 타잔처럼 괴상한 소리를 질러 자는 사람들을 깨운다. 사람들은 이내 사우나의 왕이 등장했음을 눈치채게 될 것이다! 여기까지 했으면, 휴게실에서 자리잡는 것은 문제도 아니다.

'몸을 이용한 전략'은 아무래도 남성에게 유리할 것이다. 따라서 우리는 여성에게는 좀 색다른 충고를 하겠다.

먼저 사우나나 찜질방에서 좋은 자리를 차지하기 위해서는 여성이라도 수치심이나 예절 따위를 벗어던져야 한다. 처음부터 두 눈을 크게 뜨고 주위를 둘러본다. 경험이 많은 당신이라면 누가 타잔인지 쉽게 구별할 수 있을 것이다. 당신이 경쟁자를 발견했다면, 이제 여성적인 방법으로 모빙을 가할 차례이다. 실제로 나의 여자동료들이 이 방법을 시험해보았는데, 결과는? 놀라지 마시라. 백발백중이었다!

우선 남성의 중요한 부위에서 시선을 떼지 않는다. 그러니까 타잔의 '그곳'만 계속 쳐다보라는 말이다. 물론 그가 맥주를 너무 마셔 배가 불룩 튀어나온 사람이라면, 그 부분이 안 보일 수도 있다. 어쨌거나 당신은 조롱하는 듯한, 또는 욕정에 불타는 듯한 표정을 짓는 것이다. 이렇게 하면 아무리 타잔 같은 남자라도 도망가고 말 것이다.

만약 일을 빨리 끝내고 싶거나, 당신의 우월함을 만천하에 보여주고 싶다면, "당신네 집안은 모두 이렇게 작나요?" 하고 물어본다. 아니면 짤막하지만 날카롭게, "오, 저런!"이라고 해도 충분하다.

이런 말들은 핵폭탄만큼 폭발력이 강력하다. 이제 당신은 분명 유유자적한 시간을 찜질방에서 보낼 수 있을 것이다. 만약 당신이 큰소리로 그렇게 말한다면, 남자들은 당신이 마치 암세포라도 되는 듯이 멀리할 것이다.

사우나는 즐겁다. 당신이 이 편안한 즐거움을 절대 놓쳐서는 안 된다!

애엄마라는 특권을 이용하자!

월요일, 당신의 남편은 일하러 나간다. 당신은 사회에서 인정도 별로 못 받는 가정주부의 역할에 따라, 어린아이를 돌보고 집안살림을 하면서, 직장여성으로 일하는 이중부담을 져야 한다. 당신의 남편이 충분한 돈을 가져다주지 않기 때문이다 (남편에게 이 책을 보여주길 바란다). 매일 아침 당신은 아이를 유치원에 데려다주고 회사에 출근해야 한다. 이런 당신은 무언가 불이익을 당하고 있는 듯한 느낌이 들 것이다.

여자들은 왜 어머니라는 역할을 좀더 상품화하지 않는가? 당신이 아기를 데리고 있거나, 유모차를 모는 어머니라면 '심리적 테러'를 가하기에 이보다 더 좋을 수가 없다.

현재 살고 있는 집에서도 이 전략을 사용할 수 있다. 만약 형편이 어려워서, 한 건물에 여러 가구와 함께 살고 있다면, 이웃 사람이 당신을 무시하지 못하도록 만들 수 있다.

공동으로 사용하는 세탁실 여기저기에 아기의 기저귀를 널어놓는다. 아무리 이기적인 싱글이어도, 혹은 아이가 없는 부부라도 감히 당신에게 항의할 수 없을 것이다. 그 누구도 자신의 옷을 널기 위해 당신이 널어놓은 기저귀를 구석으로 밀치지 못할 것이다.

만약 당신에게 까다롭게 구는 이웃이 있다면, 밤낮으로 아이를 울려 그 사람을 골탕먹이는 것이다. 인내심을 갖고 조금만 기다리면 그 이웃은 곧 이사를 가고 말 것이다.

이웃사람들로부터 좀더 존중받기 위해 당신이 할 수 있는 일은 무엇일까? 다른 사람의 죄책감을 십분 활용하고, 사회가 당신을 진정으로 인정할 수 있도록 어머니라는 상징을 한껏 이용하는 것이다.

외출할 때는 반드시 유모차를 몰고 나간다. 아이를 태우든

태우지 않든 상관없다. 언제 어느 때고 유모차를 몰고 다니는 당신에게 우선권이 주어진다. 사회가 어머니로서의 권리를 지킬 수 있도록 당신을 도와줄 것이다. 횡단보도를 건널 때는 잠시 멈추어 섰다가 천천히 걸어간다. 그 누구도 아기를 데리고 있는 어머니를 해칠 생각이 없으며, 서둘러 건너가라고 종용하지도 않는다.

테니스를 칠 때마다 항상 이기기만 하는 얄미운 이웃 여자가 마침 횡단보도에 서 있다. 이때 당신은 유모차로 그녀의 발뒤꿈치를 박으면서 바짝 따라간다. 당신은 힘들게 아이를 키우는 어머니이므로 다른 보행자에게 신경 쓸 필요가 없는 것이다. 이런 식으로 복수하고 나면 어느 정도 만족감을 느낄 수 있을 뿐 아니라, 다음 시합에서 그 여자의 다리를 공격하면서 당신이 이길 수도 있다.

사람이 많은 쇼핑몰에서는 인정사정 없이 유모차를 밀면서 군중 사이를 헤치고 나간다. 아이를 빨리 재워야 한다고 말하면서 말이다……. 필요할 때를 대비하여 아이의 울음소리를 녹음해 두었다가, 당신의 주장을 반드시 관철시켜야 할 때 요긴하게 사용하는 방법도 있다.

슈퍼마켓에서는 유모차로 통로를 가로막아, 다른 사람이 지나다니기 어렵도록 만든다. 그러면 여유 있게 물건을 고를 수 있고, 계산도 더 빨리 할 수 있다. 식당에 들어가면 일부러 아이에게 젖을 먹이도록 한다. 사람들은 담뱃불을 끌 것이고, 시끄러운 소음도 금세 줄어들 것이다.

운전할 때는 특히 유리하다. '아기가 타고 있어요'라고 써놓은 종이를 뒷창에 붙여 놓으면, 제아무리 세계적인 카레이서 미하엘 슈마허라 할지라도 금세 무릎을 꿇고 말 것이다. 고속도로에서도 유유히 2차선을 달릴 수 있고, 신호등이 가까워지면 속도를 줄여서 달려도 되고, 주차금지구역에서도 주차할 수 있다.

다시 한번 명심해야 할 사실은, 아기 엄마인 당신이 특권을 지녔다는 점이다!

어머니 모빙의 하이라이트는 유치원이나 학교에서 열리는 학부모회의나 미술수업에 참석할 때이다. 당신은 갓난아기의 어머니로서 하루종일 아이를 돌보느라 몸과 마음이 지칠 대로 지쳤다는 말만 하면 된다. 그러면 교사와 다른 학부모들이 당신의 노고를 안타까워하며, 당신에게 어떤 부담스러운 일도 시키지 않을 것이다.

남편 역시 주말이나 휴가에 헌신적으로 일하는 당신을 조금이라도 도우려고 노력할 것이며, 어머니야말로 가정의 버팀목이자 사회 전체의 지지대라는 점을 누차 강조할 것이다. 그러니 양심의 가책을 느끼는 남편도 한껏 이용해야 한다. 남편에게 무언가를 요구하고, 그것을 당연하게 받아들인다.

아이들은 언젠가 성장하기 마련이며, 그때는 애엄마라는 행복한 삶도 끝나버린다. 당신은 새로운 모빙 전략을 발견해야 할 것이다.

이혼 테이블에서 현명하게 행동하기

이제 난처한 주제를 이야기할 차례가 되었다. 특별한 경우, 이 주제가 당신에게 매우 유용할 수도 있다. 이혼이라는 문제를 말하려고 한다. **거의 30퍼센트에 육박하는 이혼율을 고려한다면, 우리 모두가 이런 일을 겪을 가능성이 있다.** 그래서 모빙에 대한 충고를 하지 않을 수 없다.

당신의 남편 혹은 아내는 퇴근 후 당신이 곧장 집으로 돌아오기를 기다리는 편인가? 당신은 배우자를 가능한 늦게 보려고 일부러 야근을 몇 시간씩 하는 편인가? 당신은 가사일이 힘들고 괴로워 신경질을 부리기도 하는가?

또한 배우자가 오래전부터 당신을 더이상 사랑하지 않으며, 별로 중요하지 않은 일로 신경질을 부린다고 느끼는가? 가령 욕실에 떨어져 있는 머리카락이나, 거실에 아무렇게나 던져놓은 속옷을 치우지 않았다고 투덜대거나, 빈 맥주병을 치우지 않는다고 잔소리를 하는 경우 말이다.

지금까지 당신이 이런 일을 당하지 않았다면, 우리는 진심으로 다행이라고 말해주고 싶다. 당신은 이 부분을 읽지 않아도 된다.

반대로 당신 역시 수천만의 부부들처럼 감각이 무뎌진 채 사랑 없는 삶을 이어가고 있다면, 이 부분을 천천히 그리고 자세히 읽기 바란다. 당신의 남편은 벌써 텔레비전 앞에서 잠이 들었을지 모르며, 또는 아내인 당신에게 한바탕 잔소리를 듣고서 혼자 한잔 하고 있을지도 모를 일이다.

아주 간단한 예를 들어보겠다. 당신의 남편은 생각하기를 싫어하는 매우 답답한 성격이다. 때문에 **이성적인 대화가 잘 이루어지지 않는다. 날이 갈수록 그는 당신의 신경을 건드리고, 오로지 관심 있는 건 직장과 축구뿐이다.** 게다가 낯선 여자와 돌아다니고, 주말이면 갑자기 중요한 약속이 생겼다는 핑계로 당신을 혼자 있게 한다.

이렇듯 이기적이고 집안일에 무관심한 남편은 자신에게 충실한 아내를 더이상 돌볼 생각이 없는 듯하다. 결혼생활에 지쳐버린 당신은 소파에 누워 텔레비전만 보고 있는 남편과 끝장내고 싶은 생각이 간절하다. 지금까지 아무리 심각한 문제가 있어도 당신이 침착하고 차분한 대화를 통해 해결해 왔지만, 이제는 너무나 단순하고 유치하게 행동하는 남편을 그냥 참고 넘어갈 수가 없다.

그런데 이런 남편이 헤어지자고 갑자기 제안을 해오는 것이 아닌가. 이럴 수가!

이제부터 당신은 모빙 전략 가운데 가장 직접적이고 타협을 거부하는 전략을 끌어들이는 수밖에 없다(경고! 이때 가장 주의해야 할 점은 일단 상대를 멀리해야 한다. 그가 몸을 이용하는 전략을 사용하면 당신의 위험에 빠질 수 있으니, 절대로 가까이 하면 안된다. 그전에 4부에 있는 「아~ 침대 안의 적!」을 먼저 읽도록 하자. "모든 것이 잘될 거야, 내가 분명히 약속하지"라는 남편의 빈말에 당신이 속아 넘어갈지도 모르는 일이다. 지금껏 당신은 남편의 그처럼 무성의한 말을 얼마나 많이 들어왔던가).

이때 당신이 반드시 성공할 수 있는 전략을 소개하겠다.

🏃 어느 날 갑자기 친구들과 함께 휴가를 다녀오라고 남편에게 선심 쓰듯 말한다. 그가 마요르카행 비행기에 오르자마자, 그의 개인적인 물건과 진작부터 쓰레기통에 던져버리고 싶었던 물건들을 교외의 임대창고로 보내버린다(물론 계산은 남편의 통장에서 한다).

🏃 남편이 당신에게 연락할 수 있는 가능성을 모두 차단시킨다. 전화번호도 바꾸고, 현관문의 열쇠도 바꿔버린 다음, 일단 다른 도시로 간다. 이제 당신은 잔인할 정도로 냉정해져야 한다. 어떠한 타협도 허락해서는 안 된다. 당신이 아무런 말도 하지 않으면 남편은 도저히 당신을 이해하지

못할 것이다.

🌟 **남편이 마요르카에서 새 여자친구를 사귀어 당신을 버리고 떠났노라고 소문을 퍼뜨린다.** 그리고 남편이 평소 당신을 때리고 괴롭혀 왔다고 말한다. 지금 어쩔 수 없이 피신중이라고 말이다. 이때 당신은 외모에 신경 쓰면 안 된다. 가족, 친구, 동료들이 당신의 상태가 말이 아니라고 믿도록 초췌한 모습을 하고 있어야 한다. 변호사와 이혼 조건을 상의할 때도 제대로 일어설 수 없을 정도로 슬픈 사람으로 연기해야 한다.

🌟 주변사람들에게 당신의 얼마나 고통스러워하는지 보여주어 그들이 당신을 동정하도록 만든다. 그리고 비록 남편이 당신을 매정하게 대하고 속였음에도 불구하고, 당신은 그를 진정으로 사랑했노라고 호소한다. 온몸으로 당신이 얼마나 큰 슬픔에 빠져 있는지 보여주어야 한다. 당신의 괴로워하는 모습이 너무나 딱해, 차마 눈뜨고 보기 어려울 정도로 말이다. 이내 모든 사람이 당신에게 동정심을 느끼고 당신의 남편을 경멸하게 될 것이다.

🌟 남편의 친척이나 친구들을 만나서 그가 얼마나 역겨운 인간인지 자세하게 말해준다. 이렇게 하면 남편은 최후로 기댈 곳마저 사라진다. 그는 누구에게도 도움받지 못할 것이다.

✱ 통장, 주식, 그밖에 재산이 될 만한 모든 것들을 당신 앞
　으로 해둔다. 외국의 은행에 구좌를 만드는 것도 좋은 방
　법이다. 그런 다음, **당신은 재산이라고는 아무 것도 없는**
　빈털터리라는 소문을 퍼뜨린다. 사람들로부터 동정어린
　선물도 받을 수 있다. 심지어 당신 남편의 변호사조차 이
　혼협상을 진행하는 가운데 은근히 당신 편을 들어주게 될
✱ 것이다.

　지겨워하는 남편의 애인에게 남편을 인수할 생각이 없는
　지 구슬러본다. 만약 이 일이 성공하면, 이혼절차가 당신
　에게 매우 유리하게 진행될 것이다. 왜냐하면 행복에 겨
　운 남편이 현실을 무시한 채 당신이 내놓은 제안을 무조
　건 받아들일 가능성이 커지니까.

　마침내 모든 절차가 끝나고 당신은 두둑해진 주머니로 옛날
집에서 혼자 살게 되었다. 이제 당신은 한동안 쉬어야 한다. 아
이들을 가까운 친척집에 맡겨놓고, 카리브해로 가는 비행기에
몸을 싣는다. 그곳에서 휴식을 취하면서 새로운 애인을 사귀
자. 완벽하게 모빙할 줄 아는 사람이라면 반드시 휴식이 필요
하다. 머지않아 다음번 모빙 대상이 당신 앞에 나타날 테니까.
그때 당신은 또다시 적당한 전략으로 무장을 하면 그만이다.
그렇지 않은가?

내 아이를 최고 엘리트로 키우려면……

귀여운 자녀들이 모빙하는 사회의 한 일원으로 성장하도록 도와주는 무거운 책임을 당신이 짊어지고 있다. 교육이란 아이들이 인생에서 행복하게 성공할 수 있도록, 이에 필요한 지식과 태도를 훈련시키는 행위이다. 이것은 우리의 단순한 생각이 아니다. 교육전문가들이 그렇게 말한다.

우리는 우선 교육과제를 진지하게 받아들여야 한다. 머리를 이상야릇한 빛깔로 물들인 여선생님이나 다른 교사들에게 아이의 교육을 무한정 맡겨놓아서는 안 된다.

만약 아이가 씩씩하게 자라고 훗날 우리 사회의 주인공으로 성장하기를 원한다면, 올바른 이론으로 무장한 채 멀고 힘든 길을 아이와 함께 가야 한다. 그러니까 아이가 어릴 때, 당신이 직접 기초를 세워주라는 뜻이다.

셀 연구소는 13 ~ 26세에 이르는 2,500여명의 젊은이를 대상으로 14번의 설문조사를 실시했다. 그러니 결과는 오해할 여지가 전혀 없을 만큼 신뢰도가 높을 것이다. 이들은 평범함이 아니라 성공을 원했고, 그 목표를 향해 살 것이라고 대답했다. 우리의 젊은이들이 결정도 잘 내리지 못하는 우유부단한 존재가 아니라, 성공과 출세를 바라는 확고부동한 사람이 되어야 한다. 이들이 그렇게 성장할 수 있도록 부모가 도움을 주어야 할 것이다.

우리는 이제 부모가 따라야 할 교육과제를 제시하고자 한다. "저 사람이 바로 내 아들이오. 사장 말일세!" "저기 저애가 내 딸이라오. 소아과 의사지!" "내 아들이 지금 막 대기업의 회장이 되었다는 거요!"라고 인생의 늘그막에 당신이 당당하게 소리칠 수 있도록 해주겠다.

아이를 교육시키는 일은 당신의 삶에서 가장 큰 기회이다! 당신도 이 일이 어떤 것인지 잘 알 것이다. 그러니 **당신 자녀의 행복이 훌륭한 모빙 교육에 상당 부분 달려 있다는 점을 항상 명심해야 할 것이다.**

처음부터 아이의 일에 개입하는 것이 무엇보다 중요하다. 이것이야말로 죽을 때까지 변치 않을 가장 중요한 대원칙이다. 유아원, 유치원, 학교, 체육관, 보이스카우트, 성가대, 소풍, 예능수업, 유스호스텔, 10대들의 디스코텍, 수영장, 스키장, 축구팀에서도 이 모토는 언제나 적용된다.

당신이 염두에 둘 것이 또 있다. 그러니까 사과는 사과나무 근처에 떨어진다는 사실이다! 사과의 품질은 사과나무를 보면 쉽게 알 수 있다. 복숭아나무 밑에서 속이 빈 호두를 발견한 적이 있었던가? 그러므로 당신은 자식을 위해 열심히 뛰고 희생해야 한다. 이것이 결국 당신 자신에게도 이익이 된다.

"인생의 낙오자인 게으른 저 남자가 당신의 아들인가요?"라는 질문을 듣고 싶은가? 절대로 아닐 것이다.

당신은 이미 다른 학부모에게 이런 질문을 한번 이상 받았을 것이다.

"아드님이 어느 학교에 다니죠?"

"새로 뽑은 차는 배기량이 어느 정도입니까?"

"이사한 집은 몇 평이에요?"

이런 질문이 겉으로는 자연스러운 것처럼 보이지만, 실은 당신을 무시하고 싶은 감정이 숨어 있다. 하지만 당신은 그 즉시 반응해야 한다. 아이들의 행복을 위해서라도 이런 식의 공격에 현명하게 방어해야 한다.

미래에 당신의 아이가 사회에서 영향력 있는 사람이 되게 하려면, 당신이 할 수 있는 모든 것을 투자해야 한다. 당신의 아이가 인생에서 멋지게 첫출발할 수 있도록 어떤 비용과 노력이든 감수해야 하는 것이다.

아이에게 단순히 환경친화적인 나무로 만든 장난감을 사준다고 해결될 일이 아니다. 아이들은 타인의 공격을 잘 방어하는 방법, 상대를 제치고 일을 성공시키는 방법, 자신의 장점을 활용하는 방법 등을 배우면서 자라야 한다. 그런 아이들 앞에서 당신은 늘 본보기가 되어야 한다!

바비인형과 레고도 그런 목적에 맞는 것들이다. 한때 당신에게 한 자루의 권총, 플라스틱으로 만든 칼, 탱크 등의 장난감들이 얼마나 소중했는지 기억하는가?

나이	학습재료	학습목표
1 ~ 2세	권투 글러브가 달린 핸드폰, 작은 곤봉 모양의 딸랑이, 왕관, 해적이 그려져 있는 이불	잠재적 공격성 향상의 1단계
2 ~ 4세	물총, 수갑, 물폭탄 조립상자 첫 영화로 도둑, 영리한 마녀, 빠른 자동차가 나오는 것을 보여줌 (모빙하는 사람이 끝내 잘되는 영화로 골라야 한다).	잠재적 공격성 향상의 2단계
4 ~ 7세	딱총, 쥐덫, 빨래집게, 가위 등의 물건을 적절하게 사용하도록 한다.	잠재적 공격성 향상의 3단계
7 ~ 11세	서부영화를 보여준다. 베끼기를 익히게 한다. 태권도나 유도 학원에 등록시킨다.	잠재적 공격성 향상의 4단계
11 ~ 15세	10대들의 잡지를 읽게 한다.	의미 있게 긴장을 해소시키고, 성적인 쾌감을 자연스럽게 승화시키기 1단계
15 ~ 19세	『플레이 보이』를 읽게 한다.	의미 있게 긴장을 해소시키고, 성적인 쾌감을 자연스럽게 승화시키기 2단계

아이들에게 어떤 장난감을 사주는 것이 좋을지 나이별로 정

리해보았다. 책임감 강한 당신이 아들을 미래의 '대통령'으로 키울 수 있도록 말이다.

올바른 장난감과 좋은 책을 선택하는 일은 인간관계를 배우는 학습만큼이나 중요하다. 당신의 아이가 거쳐가는 모든 과정, 이를테면 유치원, 초중고교, 대학이나 대학원 등에서 모빙은 중요한 역할을 한다. **오늘날 우리가 살고 있는 개인주의적 사회에서 모빙은 성공하기 위한 열쇠라고 해도 과언이 아니다.** 하지만 아무 것도 준비하지 않으면 어떠한 결과도 나오지 않는 법! 때문에 성공을 가져다줄 전략 교육은 아무리 일찍 서둘러도 빠르지 않다.

공격성을 잘 다룰 수 있는 태도는 장난감으로 쉽게 가르칠 수 있다. 당신이 양심의 가책 따위를 갖지 말고 개구쟁이에게 사회성을 시험할 수 있는 장난감을 선물해보라. 아이가 놀이터에서 모래를 가지고 놀 수 있는 나이가 되면 총과 탱크, 독수리, 물총, 활과 화살, 플라스틱으로 만든 칼, 새총, 그물 같은 장난감 없이는 놀기 어려울 것이다.

아이에게 우리가 사는 이 세상이 좋은 세상이라고 아무리 미화시켜 말해도 아무 소용이 없다. 매일같이 아이는 개인적으로는 물론 미디어 매체를 통해 정반대의 세상을 경험하고 있다. 현실이란 어떤 환상이든 능가하기 마련이다. 그러니 당신이 현실을 진지하게 받아들이고 이에 따라 방향을 잡아야 한다. **아이에게 현실을 준비시키고, 삶에 유용한 것을 가르쳐주고, 잔인한 일이 비일비재하게 벌어지는 일상을 소개하는 것이다.**

왜 당신은 아이들과 함께 놀이할 때 역사적인 전투를 흉내내지 않는가? 만약 아이가 친구들의 반대에 부딪혔다면, 당신이 직접 경험해본 모빙을 바탕으로 충고해주면 된다.

현대교육은 지극히 복잡해졌고, 전략적인 계획을 세우려면 지금껏 선례가 없을 정도로 머리를 많이 써야 한다. 이런 경우 군사용 또는 외교용 교본이 도움될 수 있다. 저녁마다 기도를 올리는 대신, **차라리 프로이센의 장군이었던 칼 폰 클라우제비츠의 『전쟁론』이라는 책을 한 소절씩 읽어주도록 한다.** 군사작전을 수립하고 그것을 추진하는 내용에서 현실적으로 활용할 수 있는 부분을 반드시 찾을 수 있다.

아이가 학교에 입학하면 보조주머니에 초콜릿을 듬뿍 넣어준다. 이렇게 하면 아이가 학급의 다른 아이들보다 돋보일 수 있다. 아니면 레이저 지시봉을 가져가게 한다. 첫날부터 담임선생님이 당신의 아이에게 특별한 재능이 있다는 점을 알게 될 것이다. 아이가 학교에서 한번이라도 차별대우를 받게 되면, 레이저 지시봉에서 나오는 빨간 불을 선생님의 눈에 겨냥하면 어떨까? 눈이 부시게 만드는 것이다.

큰 인물로 키우려면 일찍부터 서둘러야 한다. 아이를 사랑하는 마음으로 당신의 교육적인 능력을 최대한 발휘해야 한다.

이제 교육의 기본을 한눈에 볼 수 있도록 정리해보겠다.

1. 아이의 주변을 주의 깊게 관찰한다

시기심 많은 아이나 빈둥거리는 아이들이 당신의 똑똑한 아이에게 무언가 이익을 얻기 위해 아부하는 모습을 볼 수 있을 것이다. **어린이 세계도 어른의 세계와 크게 다를 바 없다. 때문에 당신은 아이를 위해 올바른 친구들을 골라주어야 한다.**

우선 친구의 부모가 누구인지, 무슨 일을 하는지 알아본 다음, 1차적으로 당신과 수준이 비슷한 부모를 가진 아이들을 가까운 친구로 선택해준다. 아이가 자신의 뜻으로 집에 데려오는 친구들에게는 모빙을 가해, 그가 다시는 오지 못하도록 만든다. 이것이 자식을 위해 첫번째로 해야 할 일이다.

2. 아이가 양질의 교육을 받도록 여건을 만들어준다

당연히 아이가 다닐 학교는 명성이 자자한 좋은 학교로 골라야 한다. 그리고 교사들은 물론 교장과도 친분을 맺어 연대의식을 만들고, 할 수만 있다면 선물도 주는 등 '끌어안기 전략'을 사용한다.

숙제나 답안지를 베끼는 일은 참으로 비겁한 행위이다. 모든 사람은 노력한 대가로 좋은 결과를 얻어야 마땅하다! 아니면,

다른 아이들이 당신의 아이가 성취한 공부에서 이득을 **빼앗아**
가는 것이 옳다고 보는가? 그렇지 않을 것이다. 따라서 당신의
아이와 함께 방어전략을 연습하도록 한다.

모빙 교육은 아이의 시간표에 있는 모든 것, 즉 학교수업이
나 학원강의 등에서 이루어져야 한다. 이때 당신이 가진 조직
능력을 최대한 보여주어야 한다. 혹시 아이에게 너무 부담을
주는 것이 아닌가 하는 두려움에 **빠질** 필요는 없다. 한때 테니
스계를 주름잡던 **보리스 베커나 슈테피 그라프의 경우, 부모**
들이 끊임없이 그들을 자극하지 않았다면, 그렇게 훌륭한 선
수가 될 수 있었을까?

3. 아이의 옷과 액세서리, 가방 등에도 신경 써준다

아이들 사이에 새로운 것이 유행하면 당신은 민감하게 반응
해야 한다. 다시 말해 새로운 스포츠가 유행한다는 사실을 알
게 된 순간, 바로 아이에게 그 물건을 사주도록 한다. 몇달 후
에나 있을 크리스마스 선물로 사준다고 아이와 약속하면, 아이
가 애타는 마음으로 선물을 기다리고 있을 동안 유행이 지나가
버릴지도 모른다. 모든 아이들이 이미 길거리에서 스케이트
보드를 타고 노는데, 나중에 이것을 사준들 무슨 소용이 있겠
는가? **이왕에 사줄 거면 아이가 원하는 시기에 바로 사주는 것**
이 좋다. 본능적으로 아이들은 당장 무엇이 필요한지 잘 알고

있다.

아이에게 물건을 사주었을 때는 그것을 혼자서 즐겨야 하는 것이지, 다른 아이에게 빌려주거나 함께 타는 것이 아니라고 설명해준다. 그렇지 않으면 사준 지 몇일 지나지 않아 금세 헌 물건으로 변하고 말 것이다. 얼마나 끔찍한 일인가!

교육을 시키는 과정에서 **당신이 반드시 넘어야 할 장애물은 아이들의 사춘기이다!** 많은 독자들은 이 사실을 알고 있을 것이다. 이 시기는 부모에게 가치 있고 중요한 모든 것이 아이들의 눈에는 의문스럽고 불만스럽게 보인다. 그래서 이 시기의 청소년들은 부모를 모빙하는데 갑자기 재미를 느끼게 된다. 이에 대비하여 당신은 필요하다면 아이에게 모빙 전략의 강도를 한껏 높여서 사용해야 한다. 그렇지 않으면, 오히려 아이가 당신에게 모빙을 가할 것이다!

이때 기억해야 할 점은 어떠한 경우에도 당신이 엄격한 부모로서 버티고 있어야 한다는 것. 만약 그렇게 하지 않으면, 아이의 어린 시절부터 가르쳐 왔던 모빙 교육이 아무 짝에도 쓸모 없어지게 된다.

학교에서 : 교사와 학생들의 모빙 전략

학창시절 당신은 친구를 때려본 기억이 있는가? 물론 이 때문에 무릎 꿇고 벌을 서기도 했겠지만, 선생님을 속이는 방법이야 수백년 전부터 있어 왔다.

그때 당신은 어떤 대접을 받았던가? 성공한 경우 학급친구들에게서 영웅대접을 받고, 그들은 당신의 용맹에 놀라움을 표시했을 것이다. 하지만 재수가 없었다면, 당신은 선생님의 분노를 사게 되고, 결국 학교생활을 지옥처럼 보냈을지도 모른다.

내 아이가 이렇게 되어서는 안 된다. **아이에게 좀더 나은 삶을 보장하고 싶은 부모라면, 우선 아이에게 무엇이 중요한지부터 설명해야 한다.** 만일 아이가 모빙을 한 결과, 친구들로부터 박수갈채를 받는다면, 정말 잘된 일이다. 또한 학교의 성적이나 평가도 중요하다. 그러므로 아이가 적은 노력으로 최대한의 효과를 얻을 수 있도록 모빙해야 한다.

시험볼 때 성공적으로 커닝하는 것은 나쁜 성적을 받는 것보다 차라리 낫다. 그런데 들키지 않고 베끼려면, 멀리서도 상대의 글씨를 알아볼 수 있어야 한다. 보통 공부 잘하는 학생의 답안지나 숙제를 베끼곤 하는데, 일반적으로 이들은 글씨를 반듯하게 쓰지 않는다. 온갖 알록달록한 펜으로 일기장을 꾸미듯 필기하는 부지런한 학생과 달리, 공부를 잘하는 애들은 굳이 그런 방식으로 선생님에게 잘 보일 필요가 없고 '자세 낮추기 전략'을 쓸 필요도 없는 것이다.

커닝하는 과정에서 하이라이트는 들키지 않는데 있다. 어떤 방법을 사용하면 들키지 않을까? 우선 착실한 수업태도를 평소에 보여주어 선생님에게 의심을 사지 않도록 해야 한다. 무엇보다 평상시 수업시간에 열심히 따라하고, 엉뚱한 질문 같은 바보짓을 하지 않는다.

또한 예기치 않은 돌발상황이 언제든지 일어날 수 있으므로, 다른 학생의 숙제를 베끼거나 커닝을 하지 않더라도 어느 정도의 성적은 항상 기본으로 받아야 한다. 혹시 공부 잘하는 학생이 시험 당일 아파서 갑자기 결석이라도 하게 된다면, 이때는 어떻게 하겠는가? 이런 곤혹스러운 낭패를 사전에 방지하려면, 시험 전날이나 그날 아침에 공부 잘하는 학생에게 전화를 걸어, 무언가 진지하게 물어보면서 그 학생의 건강상태를 점검해야 될 것이다.

공부에 특별한 흥미나 재능이 없는 학생은 다음의 원칙을 반드시 지켜야 한다.

'1초 동안 쳐다보고, 2초 동안 다른 곳을 바라보라!' 그러니까 공부 잘하는 학생의 숙제나 답안지를 계속 뚫어지게 쳐다보아서는 안 된다. 그러면 커닝하면서 자주하는 실수, 즉 그학생의 이름까지 덩달아 베껴쓰는 일 따위가 생기지 않을 것이다. 웃지 마시라. 농담이 아니다.

대체로 모든 학생들이 활용할 수 있는 원칙으로 자세 낮추

기 전략이 있다. 이 전략이 결코 창피하거나 부끄러운 것이 아니다. 교사들이란 대부분 학창시절을 완전히 잊지 못하는 존재들이다. 그처럼 힘든 학창시절을 보상받기 위해 그들이 교사라는 직업을 선택했는지도 모른다. 이들은 교사생활을 하면서 아이들에게 대접받고 싶어하며, 학생들이 자신에게 엎드리는 것을 은근히 즐긴다.

친애하는 학생들이여, 선생님이 원하는 것을 해드리도록 하라! 그들이 입은 정신적 상처를 부드럽게 어루만져준 다음, 당신이 원하는 것을 얻으면 되지 않겠는가! 당신에게 결코 나쁘지 않을 것이다.

물론 여기에도 다양한 전략이 있다. 먼저 지식에 대한 흥미와 욕구가 있는 것처럼 행동하되, 멍청한 학생으로 보이는 방법이 있다. 그런 한편으로, 자신이 능력에 비해 너무나 많은 것을 배우고 있다는 표시를 해주면 된다.

하지만 선생님이 가르쳐주는 것으로 충분하지 않다는 기분을 표시하면, 결코 신상에 이롭지 못하다. 교사는 학생에게 자신이 얼마나 많이 알고 있는지 본때를 보여주고 싶을 것이고, 이런 식으로 힘겨루기를 하면 결국 지는 쪽은 학생이다. 교사란 시험이나 성적표와 같은 형태로 자신의 힘을 무한대로 휘두를 수 있는 사람인 것이다.

그렇다면 교사는 학생들에게 어떻게 모방하면 될까? **교사는**

칭찬과 꾸지람을 해주고, 좋거나 나쁜 성적을 주면서 교사는 자신이 원하는 대로 학생들을 훈련시킬 수 있다. 학생들을 조용하게 만들려면, 다음과 같은 모빙 도구를 이용하는 것도 괜찮은 방법이다.

칠판에 클로버를 그린다(이 방법은 저학년까지만 효과가 있다. 고학년이라면 유치하다고 비웃을 것이다). 그리고 한 가지 규칙을 설명한다. 앞으로 떠드는 사람은 네잎 클로버의 잎을 하나씩 그려나갈 것이라고 말이다. 네 개의 잎이 모두 그려지게 되면, 마지막으로 클로버의 줄기를 그린다. 이렇게 하여 클로버가 완성되면 해당 학생에게는 벌을 내린다. 가령 화장실 청소를 하거나, 구두시험을 보거나, 학습기록부에 기재하는 방법 등으로. 하지만 방과후 교실에 붙들어두는 방식은 추천하고 싶지 않다. 야근하고 싶은 교사가 어디 있겠는가?

자신의 점수가 클로버의 줄기로 그려지면 그 학생은 얼마나 기분이 나쁠까! 다른 학생들에게도 클로버 학생이 희생양이라는 사실을 각인시켜주게 될 것이다. 벌까지 받았으니 더이상 무슨 설명이 필요하겠는가. 이처럼 교묘한 연대 전략을 통해 학생들 사이의 결속력은 눈깜짝할 사이 무너진다.

고학년 학생들에게는 학년에 맞는 그림, 즉 클로버 대신 옷걸이나 해골을 그리는 것도 괜찮다. 그러면 모든 아이들은 끔찍한 괴기영화를 보게 될 것이다.

학생들을 잘 훈련시킨 당신이 만약 동료교사와 경쟁하려면 학생들과 연대해야 한다. 이때 가장 좋은 전략은 겉으로 굿 가이(good guy)처럼 행동하는 것이다. 당신이 다른 교사에 대하여 나쁜 소문을 퍼뜨리지만, 자신이 그 소문의 진원지가 되지 않는 학생처럼 행동해야 한다. 물론 이것은 바른 태도가 아니다. 하지만 승진하려면 어쩔 수 없지 않은가.

만약 학생들이 당신을 자신들의 이익을 대변해줄 어른으로 받아들이면, 이들과 기꺼이 연대를 맺는다. 이때 잊어서는 안 될 중요한 사실이 있다. 자고로 학생들이란 소문내기 : 외교적 전략을 펼칠 때는 아주 좋은 수단이 되지만, 당신이 어려움에 처했을 때는 믿을 수가 없다. 따라서 이 전략은 자주 사용하면 좋지 않다. 차라리 동료교사를 직접 상대하는 것이 더 나을 수도 있다.

교직원회의에서도 거의 비슷하게 행동한다. 소문을 퍼뜨리고, 충성할 사람을 만들고, 연대할 사람을 찾는 것이다. 경쟁 관계에 있는 교사에게 피해를 주려면, 교무실에서 다른 교사들과 함께 그의 사생활에 대해 쑥덕거리는 것보다 더 좋은 방법이 없다. **교무실은 그야말로 시기심과 질투심이 불타는 곳이다.** 이곳에 앉아 있는 교사들은 하나같이 자신의 현재 상황에 만족하지 못하는 사람들이다. 그러니 당신이 동료교사들을 서로 이간질하는 씨를 뿌리기만 하면 된다.

모르긴 해도 이곳보다 더 비옥한 토지는 세상에 없을 것이다. 무능한 교장이나 과도한 잡무를 요구하는 학과장들을 제거하고 싶으면, 이미 출세하여 교육청이나 교육부의 고위 공무원이 된 당신의 친구나 동창생에게 이들의 이야기를 들려준다. 만약 이 일이 잘 성사만 되면, 당신은 모든 교사와 학생들을 위해 선행을 베푼 셈이 된다. 늙은 교장은 해직당하거나 영향력을 잃고 말 것이다. 이제 당신이 이것을 승진의 찬스로 삼으면 된다.

골프장에서 상대방 기죽이기

어느 정도 출세한 사람이라면 대부분 골프를 칠 것이다. 하지만 당신의 골프실력이 겨우 중간 정도 수준이라면, 상대방이 당신의 핸디캡에 대해 물어왔을 때 조금 뜨끔할지도 모른다. 그래도 중간은 좀 낫다. 당신이 자격증[*1]을 딴 지 얼마 지나지 않았다면 이거야말로 보통 문제가 아니다!

당신은 귀한 시간을 투자해서 훌륭한 트레이너로부터 집중교육을 받았지만, 그 작은 플라스틱 공 한번 제대로 맞추지 못한다. 그래서 **이제는 다른 수단으로 당신의 위신을 세울 때가 되었다. 골프실력만 빼면 무엇 하나 부족한 것이 없는 당신인데 말이다.**

평소에 당신을 라이벌로 생각하고 있던 한 동료가 당신의 실력을 가로지르려는 순간에 있고, 사회적으로 당신을 몰락시킬 준비를 하고 있다면, 이는 참으로 심각한 위기상황이 아닐 수 없다.

우선 당신이 활용하던 차원 높은 모빙을 침착하게 떠올려본다. 반드시 문제를 풀 수 있는 열쇠를 찾게 될 것이다. 자, 이제 그날이 왔다. 당신은 플라이트(Flight)게임[2]에서 경쟁자와 맞서게 되었다. 이 상대는 당신의 라이벌일 뿐 아니라, 골프도 잘 치는 까닭에 금세 좋은 성적을 낸다. 뒤쳐지는 기분이란 정말 참을 수 없다. 상황은 점점 심각해진다. 이제 당신은 전세를 역전시켜야 한다.

당신의 경쟁자는 어떤 스타일인가? 혹시 주변사람들과 조화를 이루면서 사는 유형인가? 그렇다면 끌어안기 전략을 활용해보라. 막 티샷을 하려는 그에게 당신이 친절한 태도로 계속 말을 건다. 반드시 그는 집중력을 잃고 실수할 것이며, 당신이 그를 앞지를 수 있는 기회를 갖게 된다.

이보다 더 좋은 전략도 있다. 즉, 소문내기와 심리적 테러의

---

[1] 독일에서는 골프장에 가서 누구나 골프를 칠 수 있는 것이 아니다. 우선 골프자격증이라는 것을 따고 난 다음이라야 골프장의 출입이 가능하다. 낚시도 마찬가지다.
[2] 최대 4명의 선수가 함께 하는 골프게임. 이 게임을 하려면 적어도 이론은 마스터해야 한다.

수법을 사용하는 것이다. 상대가 아무리 타이거 우드만큼 골프를 잘 친다 해도 다음과 같은 말이라면 틀림없이 이성을 잃고 말 것이다.

"조금 전 탈의실에 다녀왔는데, 당신 부인이 코치와 함께 있더군! 알고 있어?"

"조금 전, 법원의 집달관이 당신 회사로 들어가던데, 왜 무슨 일 있어?"

이러한 속임수는 반드시 성과가 있다. 그래도 당신이 최소한 중간 정도의 실력을 갖추어야 하고, 기본 타수는 마스터한 상태여야 한다. 만일 경쟁자가 어중간한 실력이라면, 모든 전략을 끄집어내 가장 적절한 것을 찾아야 한다.

어떤 경우에도 그의 타수를 세는 것을 잊어서는 안 된다. 그가 자신이 몇타를 쳤는지 헷갈려 할 경우, 당신이 확실하게 알고 있는 것처럼 말해주어야 한다.

당신은 실제보다 하나씩 높여서 말한다. 상대는 즉시 그렇지 않다고 반박해올 것이고, 당신은 자신의 타수도 제대로 모르느냐는 식으로 그를 놀리면서 계속 우긴다. 결국 상대는 심리적으로 부담감을 안게 되고, 급기야 실수를 하고 말 것이다. 공이 홀에 들어가지 않고, 바로 근처에서 멈출 것이다.

이것으로 마지막이 아니다. 당신은 계속 상대의 실수에 대하여 이러쿵저러쿵 토를 다는 것이다. 정서적으로 견딜 수 없는 지경에까지 오게 된 경쟁자는 허둥대며 신경질적으로 인상을 찌푸리는 등, 같이 게임하는 사람들이 눈치챌 정도로 안절부절 못하는 태도를 보일 것이다.

이때에도 공격의 화살을 늦추면 안 된다. 팔짱을 낀 채 경쟁자의 실력에 의문을 제기하는 것이다.

"아이구, 저런 실수를 하다니, 부부싸움이라도 하구 온 거야?"

만일 필드에서 물이나 모래를 만나면 이렇게 말한다.

"공이 사라진 게로군." "조심해요, 엄청 물이 많으니까." "이런 모래라면 박세리도 쉽게 빠져나올 수 없겠어!"

이런 식으로 상대를 잔뜩 긴장시키는 것은 효과만점이다.

잔디가 무성한 곳에서 라이벌이 자신의 공을 찾고 있는 상황이 벌어졌다고 치자. 그런데 당신이 우연히 상대의 공을 발견했다. 이때는 공을 발로 차서 상대의 기분을 더욱 악화시킨다. 물론 실수를 가장해야 하고, 다른 사람이 눈치채지 못하도록 해야 한다(잃어버릴 경우를 대비해 당신은 주머니에 공 한두 개쯤 넣고 다닐 것이다. 바로 이 공을 슬쩍 던져놓고 찾았다고 소리쳐도 된다).

자, 당신의 모빙은 거의 성공적이다. 상대가 형편없이 게임했으니 이제 걱정할 필요가 없다. **적당한 시점에서 당신은 라이벌이 범한 실수에 대해 유감을 표시하고, 간단한 기술적인**

충고도 해준다. 스윙을 하는 것도 괜찮다.

이렇듯 골프장에서 하는 모빙은 상대를 녹초로 만들어버린다. 상대가 공을 짧게 치는 스타일이면, 당신이 알고 있는 골프 지식 등을 박식하게 알려주는 것도 좋다.

"존 데일리는 늘 280미터 이상을 쳤지만, 평범한 골퍼가 한 게임에서 340미터를 날린 적도 있어!"라고……

마침내 당신은 해내고 말았다! 이제 경쟁자는 누가 더 골프를 잘 치는지 알게 되었을 테니 말이다. 어쨌거나 당신은 중간 실력에서 약간의 업그레이드를 한 셈이다. 물론 정정당당하게 시합한 것은 아니지만, 적어도 당신의 경쟁자를 이긴 것만은 확실하다. 이것이라도 대단하지 않은가! 가볍게 당신이 얻어 낸 골프 승리인 것이다.

미국에 있는 스타우드 호텔이 실시한 설문조사에 따르면, 사장이나 회사의 이사급 가운데 82퍼센트가 골프를 치면서 상대를 속였다고 대답했다. 72퍼센트는 직장생활에서도 그렇게 한다고 대답했다. 그러니 골프를 칠 때 속이는 사람은 직장에서도 정직하지 못하다고 보면 거의 틀림 없다.

만약 당신이 골프를 치지 않는다 해도, 골프용 장갑 정도는 사두는 것이 좋다. 왜냐고? 여름휴가 때 당신의 경쟁자는 골프를 치면서 휴가를 보내지만, 골프를 치지 않는 당신은 산이나 바닷가에서 휴가를 보내기 십상이다. 이때 골프장갑을 끼면

손이 타지 않을 것이고, 이 하얀 손이 바로 골프를 쳤다는 증거가 될 수 있다. 사람들은 당신이 휴가 때 골프를 열심히 쳤다는 사실에 감탄할 것이고, 승진의 기회가 생기면 당신을 추천할 수도 있다.

분명한 것은 **오늘날 골프를 치지 않으면 그만큼 출세할 기회가 줄어든다는 것이다.**

고요한 밤 거룩한 밤 : 특별한 날 멋지게 보내기

9월부터 크리스마스용 과자가 나오기 시작하고, 12월이 되면 사람들이 북적대는 큰길이나 백화점, 대형쇼핑몰 등에 크리스마스트리를 장식해놓은 모습을 볼 수 있다. 어김없이 사랑의 축제가 돌아온 것이다.

그런데 당신은 어째 크리스마스가 다가온다는 사실이 기쁘지만은 않다. 일년 내내 재주껏 피해 왔던 보기 싫은 친척들을 크리스마스 때는 어쩔 수 없이 만나야 된다고 생각하니, 평소보다 두 배나 많은 담배를 피우게 된다. 12월 24일은 점점 다가오고……, 당신은 이제 행동해야 한다.

크리스마스 시즌이면 사람들은 흔히 세 단계를 거친다.

🏃 가까운 친지나 친구들의 선물을 구입하고, 크리스마스파

티 때 먹을 음식재료와 필요한 물건 구입.

🏃 크리스마스이브를 위한 준비(음식을 만들고, 크리스마스트리를 장식하는 등).

🏃 크리스마스이브 축제와 이튿날 친척·친지 방문.

크리스마스 시즌에는 온갖 모빙 전략들을 다양한 영역에서 써먹어야 한다. 이때 가장 확실한 전략은 '심리적 테러'이다. **심리적 테러는 선물을 주고받거나, 귀찮은 일을 피하거나, 어떤 피해도 입고 싶지 않을 때 적절한 방법이다.** 자세한 내용을 함께 살펴보기로 하자.

이 시즌에는 쇼핑하는 것마저도 부담스럽게 느껴진다. 어디를 가도 사람들이 북적대니 말이다. '백화점의 세일'이나 '애엄마라는 특권'의 내용이 기억나는가? 여기에 사용되었던 유모차는 이때도 유용하게 이용할 수 있는 물건이다. 급할 경우 개를 데리고 가면 크리스마스 선물을 고르고 있는 인파 사이를 쉽게 뚫고 지나갈 수 있다.

선물은 신중히 고르도록 한다! 친구와 친척들에게 애정을 표현할 기회인 것이다. 사실 **평소에는 하기 어렵던 말이라도 크리스마스를 핑계 삼아 선물을 전달하면서 자연스럽게 할 수 있지 않은가.**

시댁에 가야 하는 당신, 눈엣가시 같은 시누이도 온다는 소식을 듣자 심기가 불편해진다. 하지만 인간성 좋은 당신, 그녀를 위해 멋진 블라우스를 준비해보자. 그녀가 좋아하는 빛깔이 아니거나 크기가 맞지 않아도 상관 없다. 어쨌거나 좋은 뜻에서 선물하는 당신의 마음이 그녀에게 전달될 것이다.

또 당신이 싫어하는 처남이나 매부가 살이 더욱 쪄서 옷이 터질 듯한 지경이라면, 그에게 다이어트 책을 선물하는 것도 좋다. 그들은 모두 고맙게 받을 것이며, 식사할 때도 어느 정도 조심할 것이다.

시어머니의 선물을 포장할 때는 어린아이들이 좋아하는 포장지를 사용하는 것이 좋다. 환경운동을 하는 친척의 아들에게는 작은 물총이나 귀여운 탱크가 어떨까? 모르긴 해도 기뻐서 눈이 왕방울만 해질 것이다. 또는 핵발전소를 조립하는 장난감도 괜찮다. 핵폭탄이 땅에 떨어지는 장면을 연출하면, 소들이 죽어서 쓰러지는 모습에 아이들이 너무나 재미있어할 것이다. 이런 장난감들은 화기애애해야 하는 파티 때 아주 적합하고, 집안을 온통 아수라장으로 만들기에 딱 알맞다.

크리스마스파티를 준비하려면 꼭 골치 아픈 문제가 닥치기도 한다. 작년 이맘 때가 생각나는가? 크리스마스트리를 만들고 설치하는 일로, 당신과 아내는 뜻하지 않게 지난 일년 중에서 가장 큰 부부싸움을 했을지도 모른다. 그때를 떠올리면 등에서 식은땀이 흐를 정도로 말이다. 올해는 절대로 그런 일이 일어나면 안 된다!

당신은 왜 사춘기가 된 아이들을 활용하지 않는가? 목소리 낮추기 전략을 동원하여, 당신 혼자서 크리스마스트리를 세우는 일이 얼마나 어려운지 도움을 요청한다. 당신의 튼튼한 아들이 가만히 있지 않을 것이다. 어쩌면 아내까지 달려와서 당신을 도울지 모른다. 사실 아내는 당신에 비해 시간이 훨씬 여유롭지 않은가?

크리스마스이브를 어떻게 보내야 할지에 대해서는 일일이 얘기하지 않겠다. 분명 가정마다 다른 갖가지 분위기가 연출될 테니까…….

이럴 수도 있다. 어쩌면 당신은 이날을 매우 지루하게 보낼지도 모른다. 집안에서 일어나는 일에는 아무 관심이 없고, 무슨 말이든 한귀로 듣고 한귀로 흘려보낸다. 젊은 애인이 생긴 당신은 제2의 청춘을 꿈꾸며, 그 애인을 만나고 싶어 하루빨리 연휴가 끝나기만을 고대한다. 그리고 애인에게 연락을 취할 방법만 연구하고 있는 것이다.

'크리스마스트리 밑에서 핸드폰으로 연락하면 어떨까? 집안에서 들키지 않고 전화할 곳이 없을까?' 곤란한 상황에 처하지 않으려면, 당신은 기도하듯 모빙 전략을 짜야 한다. 자칫 방심하다 들킬 수도 있기 때문이다. 그러므로 어떠한 경우에도 하품을 하거나 지겹다는 표정을 드러내서는 안 된다. 사람이란 지루하게 되면 쓸데없는 이야기를 늘어놓기 마련이다. 이럴 때는 차라리 텔레비전을 보는 편이 낫다.

'게임규칙을 무시하고 바꾸기'는 잔칫날이나 특별한 날에 사용하는 전략인데, 그야말로 대대손손 내려오는 전략이다. 예를 들어 장모가 요리솜씨를 뽐내느라 온통 정신을 빼앗아버리면, 당신은 3개월 전부터 채식주의자가 되었다고 말해버린다. 그러면 크리스마스이브에 하늘처럼 치솟던 주가도 금세 바닥을 치게 될 것이다. 또 제아무리 완벽을 추구하는 아내일지라도, 다른 음식을 가져다줄 것이다.

도저히 집안에 있을 수 없겠다 싶으면, 직업상 비상사태가 일어났다는 핑계를 만들어 집에서 빠져나오도록 한다. 가령 사무실에 화재가 발생했다거나, 급히 상담할 일이 생겼다거나, 혹은 회사창고에서 이상한 연기가 났다거나, 컴퓨터에 저장해둔 자료가 모두 날라갔다는 구실이 좋겠다. 집에서 해방된 당신은 느긋하게 카페에 갈 수도 있고, 애인을 만날 수도 있다. 물론 집에 있는 가족들에게 미안한 마음이야 들겠지만, 어쩌겠는가!

명절이나 기념일에 절대로 해서는 안 될 일이 있다. 그것은 돈을 너무 많이 써서는 안 된다는 것. 크리스마스이브는 내년에도 찾아올 것이며, 그안에 가족이 심각한 병을 앓을 수도 있고, 업무 등으로 외국에 나가야 하는 경우도 생길 수 있다. 저

축은 언제나 미덕이다!

크리스마스는 어떤 방식으로든 당신을 찾아온다. '고요한 밤 거룩한 밤'은 가장 끔찍한 날이 될 수도 있지만, 날고 기는 모빙의 대가라도 행복해야 하는 날이기도 하다. 그러니 **당신이 감당할 수 없는 사태라고 판단되면, 비상작전을 쓰도록 하자. 즉 무식하게 게임규칙을 바꾸는 것이다.**

예를 들어 크리스마스이브에 보기 싫은 친척뿐 아니라, 당신이 알고 지내는 모든 친구들을 집으로 초대한다. 그런 다음 캐럴이 아닌 시끄러운 록음악을 크게 틀어댄다. 참석자들은 이내 고요한 밤이 아니라는 사실을 감지할 것이다. 혼란스러운 틈을 이용해 당신은 집을 슬며시 나온다. 그해 가장 멋진 파티를 혼자 즐기는 것이다!

최고의 모빙이 있는 곳... 모빙이 전혀 없는 곳

모빙은 우리를 행복하게 해주지만, 동시에 피곤하게도 만든다. 아마 독자들도 이 책을 읽으면서 그점을 눈치챘을 것이다. 때문에 성공적으로 모빙하려는 사람이라면 정기적으로 힘든 일상과 직장을 떠나 휴식을 취할 필요가 있다. 어느 때인가, 우리에게도 이 책을 쓰면서 더이상 원고를 쓸 수 없는 위기가 왔다. 그리하여 우리는 휴가를 떠났고, 모빙에 대한 가장 적절한 장소를 찾다가, 마침내 남태평양과 미국에서 발견하게 되었다.

남태평양의 참불리라는 섬에 대해 들어본 적이 있는가? 이 마법과 같은 낙원은 태평양 한가운데 있는 보라보라 섬 근처에 있고, 가장 극단적으로 모빙이 행해지는 곳이라고 할 수 있다. 왜 그럴까? 이에 대한 답을 하기 전에, 먼저 이 이국적인 섬에서 살고 있는 원주민 참불리 족에 대하여 알아보자.

참불리 사회에 사는 — 우리는 마가렛 미드(Margaret Mead, 1901 ~ 78)의 책『남성과 여성』에서 참불리 족을 알게 되었는데, 그녀는 오랫동안 이 종족에 대한 연구를 했다 — 남자들은 겉모습만 남자일 뿐, 감정적으로나 경제적으로는 여자에게 종속되어 있다.

한편 참불리 족의 여자들은 매력적인 개성을 지니고 있다. 좀 거칠기는 하지만 목표에 따라 행동하는 그녀들은 권위가 있으며, 소유욕과 결단성이 있고, 성적으로도 남자보다 우위에 있다(남성들이여, 당신도 이처럼 여자에게 지배당하는 꿈을 꾸어본 적이 없는가? 부끄러워하지 말고 솔직하게 대답하시라!).

남자만 드나들 수 있는 신성한 집이나 이들이 비밀스럽게 숭배하는 문화를 살펴보면, 남녀의 사회적 신분관계가 드러난다. 신성한 집이란 남자만 출입하는 일종의 클럽 같은 곳인데, 이들은 주로 막강한 여자들에게 잠시나마 해방되기 위해 이곳에 온다고 한다. 유럽의 남자들도 이런 특권을 부러워하는 사람이 많을 것이다. 물론 여기에 함정이 없는 것은 아니다.

참불리에서는 집안 대부분의 공간을 여자들이 차지하고, 남자는 문간방에서 지내야 한다. 어떤 일을 당해도 참고 살아야 하는 남자들은 집에서 쓸모없는 존재로 취급받는다. 때문에 그들만의 고충을 나누는 공간 '신성한 집'으로 하나둘씩 모여들게 된다.

참불리 족의 남자는 한 집안의 재산에 속하며, 공공연하게 여자의 소유물로 취급당한다. 즉 모든 권력과 결정권은 '아마존'에게 있다는 뜻이다. 이 사회에서 게임규칙을 정하는 사람은 여자이고, 이들이 편리한 대로 규칙을 바꾸기도 한다. 이처럼 '게임규칙을 무시하고 바꾸기'는 남태평양에서 가장 효과적인 모빙 전략이다.

참불리에서 모빙을 당하는 남자는 속수무책의 상태일 수밖에 없다. 모빙이 문화의 일부분인 사회에서 살고 있는 그로서 피할 도리가 없는 것이다. 그러니 이들이 대응하는 방법도 특이할 수밖에.

남자는 여자에게 완전히 복종할 뿐만 아니라, 여자를 위해 수다를 떨고 몸치장도 한다. 이들은 사소한 속임수를 쓰고 간계를 부리는 것 외에 거의 노예처럼 살아간다. 여자들에게 대항할 방법이 없는 이들은 자기들끼리 모빙을 가한다. 이렇게 함으로써 지루함을 달래고, 억압받는 그들 사회에서 그나마 권력을 쥐고 있다는 느낌을 가지는 것이다. 물론 이것 역시 여자들의 감독을 받는다.

우리는 참불리 사회에서 무엇을 배울 수 있는가?

실수하지 않고 전문적으로 모빙하는 사람은 주변을 완전히 장악하는 능력이 있다. 여기서 남자냐 여자냐 하는 문제는 중요하지 않다. 모빙 능력은 지구상에 살고 있는 주민이라면 누구나 획득할 수 있는 것이다!

세계적인 모빙 집단 참불리 섬이 너무 멀리 떨어져 있어 유감이다. 유럽에서는 비행기를 타고 20시간을 가야 하니까. 그렇지 않으면 가끔씩 연구차 태평양을 건널 수도 있을 텐데 말이다. 하지만 다음에 설명하는 사람이나 집단이라면, 만만치 않은 비행기요금과 시간을 들여도 결코 아깝지 않을 것이다.

◆ 권력의 귀속이 분명하게 정해지지 않은 부부관계나 공동체

◆ 대화의 질을 좀더 높이고자 하는 집단

◆ '여성의 집'에 거주하는 여자로서 무엇이 자신의 문제인지 알고 자 할 때

◆ 남편으로 봉사하기 위해 아내에게 복종하는 법을 배우려는 마초들

◆ 휴 그랜트, 믹 재거, 조지 클루니 등

우리가 이 책을 위해 참불리에서 현지답사를 벌이는 동안, 하마터면 우리는 그 섬을 빠져나오지 못할 뻔했다. 동행했던 우리의 아내들이 참불리 여자들과 어울려 신나게 즐기면서, 우리를 그곳 남성의 집 '신성한 집'에 영원히 가두고 싶어했기 때문이다. 권력이란 그렇듯 매혹적인 것이다. 이 책을 읽는 남성 독자들은 아내와 함께 남태평양으로 여행가지 않도록 특별히 신경 쓰기를 바란다. 자칫 영원히 돌아올 수 없게 될지도 모르는 일 아닌가.

다행히 우리는 모빙의 낙원 참불리 섬을 빠져나오는데 간신히 성공했다. 다시 비행기에 올랐고, 지구를 돌아 미국이라는 대륙에 무사히 도착할 수 있었다.

참불리 섬과 정반대의 지역, 그러니까 모빙이라곤 전혀 없는 이곳

에는 암만파 교도들이 모여 살고 있다. 첫인상에도 이들은 매우 독특하고 이상한 사람들이었다.

암만파 교도들은 캐나다의 온타리오 주와 미국에 살고 있다. 모두 몇 명인지 확실하지는 않지만, 대략 6만 명 정도로 추산하고 있다. 이렇듯 눈에 잘 띄지 않는 소수자들은 부패와 자본주의, 경쟁이라는 것에 둘러싸여 살고 있다. 암만파 사람들은 미국이라는 어마어마한 대지의 한가운데에서 어떻게 변하지 않고 살 수 있었을까?

스위스의 목사이자 메노 일파*였던 야콥 암만은 17세기에 교단에서 탈퇴했다. 종파가 자신의 믿음과 어긋난 길을 간다는 이유에서였다. 그를 따르는 추종자들을 처음에는 암만 - 메노파라고 부르다가 나중에 암만파라고 불렀다. 암만 목사는 『신약성서』의 「바오로 서」에 적혀 있는 말씀을 조금이라도 어겨서는 안 된다고 고집하는 원칙주의자였다.

그는 속된 세상과 전혀 다르게 살며, 서로 평등하게 살라고 설파했다. 그리하여 이 종교적 공동체에는 사회생활을 하는 시민으로서의 삶이란 없고, 오로지 가족적 삶만 있는 것이다. 따라서 한번 올린 결혼은 죽을 때까지 지속된다.

이 신앙공동체는 아무리 사소한 사항이라도 야콥 암만이 정해둔 원칙이라면 철저하게 지킨다. 가족들은 외적으로나 내적으로 서로

★ 네델란드 인 메노(Menno Simons)가 주창한 기독교의 재세례파.

동등하고, 남자들의 경우 복장은 물론 수염까지 규칙에 따라야 한다. 여자들은 항상 검은 색 옷을 입어야 하고, 반드시 머릿수건과 스카프를 해야만 외출할 수 있다. 겨울이 오면, 그들은 커다란 외투와 후드가 달린 코트를 입는다.

물론 이들에게 더욱 중요한 원칙이 있다. 그들은 겸손과 거만함이라는 서로 대립되는 삶의 태도에 대해 정의하고 있는데, 이 공동체는 평생 겸손하게 살라고 가르친다. 즉 어떤 방식으로든 자신을 꾸미고 치장하는 것은 거만함이요, 창문에 커튼을 치는 것 또한 거만함이다. 이웃보다 더 잘 사는 것도 이들에게는 거만에 속한다.

암만파 사람들은 정당하게 노력하여 버는 돈을 신이 주신 선물로 간주하며, 그밖의 부는 비난받아 마땅한 것으로 본다. 한번은 이런 일이 있었다고 한다. 어떤 암만파 공동체가 살고 있는 캔자스 주에서 석유가 발견되었다. 그러자 이들은 그 땅을 보통 땅값에 팔고 다른 곳으로 훌쩍 이사를 가버리고 말았다.

랜체스터 카운티에서는 암만파 사람들이 일종의 진귀한 구경거리가 되었다. 이들을 구경하기 위해 각지에서 몰려든 관광객들은 이 사람들을 — 그들의 뜻과 상관없이 — 부자로 만들어주었다. 암만파 신도들이 운영하는 레스토랑은 손님으로 넘쳐났고, 암만파 신도들이 시장에 내놓는 물건은 불티나게 팔려나갔다. 결국 이 공동체도 대부분 땅을 팔고 다른 곳에 이주하여 정착했다고 한다. 암만파 교도 모두가 그렇지는 않지만, 그중의 상당히 많은 사람들이 돈에 관심이 전혀 없다.

암만파 신도들은 물질적으로 서로에게 의지한다. 이것은 그들이 서로 평등하게 살 수 있도록 해준다. 만약 한 집안의 가장이 죽으면, 이웃사람들이 과부의 농장을 계속 운영해준다. 또한 헛간이 불에 타면 ─ 이런 일도 드물지 않게 일어나는데, 이들이 기계를 사용하지 않을 뿐더러, 피뢰침도 사용하지 않기 때문이다 ─ 이웃사람들이 와서 다시 세워준다. 암만파 교도들은 이런 일을 '오락거리'라고 부른다. 그들은 자신만의 고유한 세계에 살고 있으며, 관청도 거의 필요 없고, 법정은 더더욱 필요 없다.

따라서 외부세계와 접촉은 그들에게 전쟁과 다름없는 일이다. 특히 아이들이 학교에 가야 할 나이가 되면, 학교교육이 암만파 후손들을 망치지 않기만을 바랄 뿐이다. 아이들이 영어를 배우고 ─ 학교에 입학하기 전, 대부분의 아이들은 그들의 조상이 사용하던 '다이치어'만 할 줄 안다 ─ 읽기, 쓰기, 산수를 배우는 것으로 충분하다고 생각한다. 그러므로 암만파 교도들은 아이들을 상급학교나 대학에 진학시키려고 하지 않는다. 미국의 교육부는 암만파 자녀들을 체계적으로 교육시키려는 시도를 여러 차례 해보았지만, 이들은 절대로 허락하지 않았다.

오늘날 암만파 아이들은 아주 작은 학교에 다니는데, 이곳에서는 7~15세의 아이들이 한 교실에서 배운다. 부모님과 똑같은 옷을 입은 아이들이 아침이면 학교로 순례를 떠난다. 남자아이들은 둥근 모자를 쓰고, 여자아이들은 모자에 후드가 달린 코트를 입는다. 이들은 미국의 어린이들이 위협하고 공격해도 자신을 방어하지 않는다. 마치 그들의 부모와 조부모가 다른 사람들이 공격하더라도 아무런 방어를 하지 않았듯이 말이다.

암만파 가족들이 살아가는 삶은 평화롭고 목가적으로 보인다. 그들의 이웃은 바로 이점을 시기하고 증오한다. 암만파 교도들은 그런 일반사람들을 '보통 사람'이라고 부른다. 많은 사람들은 암만파 교도들을 바라보며 '그들이 우리보다 행복하게 살지도 모른다'고 생각한다.

한편 어떤 이들은 암만파 신도들의 공동체를 마치 강제수용소처럼 묘사한다. "어린 아이들이 농장에서 죽도록 일하고, 밤이 되면 침대에 쓰러진다……, 남자들이 빈둥거릴 동안 여자들은 맨발로 돌아다닌다……"는 식으로 그들은 묘사한다.

지난 수십년 동안 450명이 함께 사는 공동체에서 14명의 배신자가 있었을 뿐이지만, 일반인은 '공동체가 산산이 흩어지게 될 날'이 언제일지 궁금해 한다. 하지만 이는 순전히 호기심일 뿐이다.

사실 이 신앙공동체는 사회에 경제적으로 도움이 되지 않는다. 자동차도 구입하지 않고, 라디오와 텔레비전, 스포츠기구, 가구도 사지 않고, 커튼이나 양탄자도 사지 않는다. 심지어 옷을 사는 경우도 드물며, 양복을 사는 경우는 거의 없다. 왜냐하면 여자들이 남자들의 바지와 윗도리를 직접 만들어주기 때문이다.

그러므로 보통사람들이 암만파 신도들의 일거수 일투족을 불신의 눈길로 바라보는 것도 지나친 일은 아니다. 신도들은 한번도 싸우지 않고, 전쟁에도 참가하지 않는다. 시민전쟁은 말할 것도 없고, 한국전이나 베트남전 같은 세계전에도 절대 참여하지 않는다.

이 얼마나 의심스럽기 짝이 없는 행동인가! 외부세계에 대하여 고집스럽게 버티는 암만파 사람들을 보면, 저절로 이런 의문을 가지게 된다. 즉, 이들이 겉보기처럼 정말 평화를 사랑하는 사람들일까? 무대 뒤에서 무슨 일이 일어나는지 누가 알 수 있으랴. 암만파 신도들이 세상 누구보다 더 끔찍하고 비타협적인 방법으로 모빙을 가할지도 모른다. 어쩌면 전세계에 퍼져 있는 모빙이라는 건물에 무차별적으로 공격하기 위해 힘을 비축하고 있을지도 모른다.

하지만 우리가 미국에 머무는 동안 보았던 암만파 사람들은 그런 의도가 전혀 없는 것 같았다. 아니, 정반대였다. 그러니까 이들보다 더 평화롭고 여유롭게 사는 인간을 상상할 수 없을 정도였다. 암만파 신도들 곁에 머문 기간이 짧았지만, 많은 것을 느낄 수 있는 기회였다. 하지만 긴장할 일이라고는 조금도 없는 그런 무미건조한 집단에서 살고자 하는 사람이 있을까?

모빙이 없는 공간은 다루기 아주 난처하고 힘든 곳이다. 이 공간에는 극소수의 사람이 살고 있고, 엄격한 법이 있으며, 막강한 권위가 지배한다. 하지만 과연 암만파 아이들이 스스로의 의지에 따라 자본주의의 축복을 영원히 포기하리라 믿을 수 있을까? 가령 비디오, 컴퓨터, 록음악, 청바지, 워크맨 등을 포기할 수 있을까?

어른들은 스스로를 속이고 있으며, 인간의 욕구를 억압하고 있다. 이웃을 돕는 것이 최고의 덕목이라 간주하고, 인간 사이에 밀접한 교류를 주장하는 사회에서도 가끔씩 이웃이 다른 이웃의 탐욕을 불러일으키는 사건이 생길 수 있다. 그렇지 않은 삶이란 인간의 본성에서 어긋난다. 언젠가 암만파 신도들 사이에서도 사기, 질투, 싸움, 스캔들, 시기심 — 그리고 모빙 — 등이 나타날 것이다.

아직 이런 공동체가 존재하는 동안, 평화롭게 살아가며 모빙이 없는 이 청정구역을 한번쯤 여행하는 것도 괜찮을 것이다. 만일 이 지역이 너무 지루하게 느껴진다면, 차라리 참볼리 섬을 가보라. 그곳에는 늘 무언가 볼 만한 구경거리가 생기니까!

제 4 부

M   O   B

직장내 암투와 경쟁에서 승리하기

― 모빙의 제왕 되기 · 2

I N G

우리는 인생의 아주 많은 시간을 직장에서 보낸다. 하루에 8 ~ 10 시간이라는 엄청난 시간을 가족과 함께 보내거나 취미생활을 하면서, 혹은 편안하게 집에서 보내는 것이 아니라는 말이다. 이렇게 긴긴 세월 동안 모빙을 하지 않는다면, 혹시 시간낭비가 아닐까?

이런 점을 생각해보라. **노동전문가에 따르면, 어떤 직장이든 매일 2시간 정도씩 모빙이 일어난다고 한다.** 금시초문이라고? 그렇다면 당신은 분명 공무원이거나 직장에서 잠만 자는 사람임에 틀림없다. 동료는 오래전부터 모빙을 하여 당신을 앞질렀지만, 당신은 이런 사실조차 까마득하게 모르고 있다. 이제 이런 상태를 더이상 방치해서는 안 된다!

사장만 부하직원을 모빙할 수 있다고 생각하는가? 아니면, 체격 좋은 남자가 연약한 여자동료만 모빙한다고 생각하는가? 아마도 그렇게 알고 있을 가능성이 크다. 하지만 단단히 착각하고 있다. 모빙할 때는 상하관계가 중요한 것이 아니라, 전략적으로 멋지게 행동하는 것이 중요하다. 모빙하는 사람과 당하는 사람의 지위나 성별은 별상관이 없다.

다음 내용을 읽어보면, 회장이 부하들에게 모빙당하는 일이란 사장이 직원을 모빙하고, 직원이 다른 직원을 모빙하는 것처럼 아주 평이한 일임을 알 수 있다.

당신이 사장급의 인물이 아닌 이상, 감히 대기업의 회장을 상대로 모빙하는 일이란 좀처럼 상상할 수 없다고 생각한다면, 우리는 2002년 7월에 일어났던 론 좀머 씨의 사건을 이야기하고 싶다.

론 좀머 씨는 뭇 사람들의 감탄을 자아냈던 독일 텔레콤 주식회사의 회장이었고, 주가를 하늘 높은 줄 모르게 끌어올렸던 전설적인 회장이다(유감스럽게 다시 바닥으로 떨어졌지만). 하지만 그는 그 자리에서 물러나야 했다. 말 그대로 부하들이 아주 간단한 전략으로 번개처럼 하야시켰던 것이다. **독일 텔레콤의 이사들은 공공연하게 그의 후계자에 대해 논의했고, 마침내 좀머 씨는 자발적으로 사표를 냈다.**

야호! 헐리우드 영화에서나 볼 수 있는 효과적인 모빙 기술이 아닌가? 사실 이런 정도의 쇼는 정치계와 경제계에서 흔히 볼 수 있는 일이다.

하지만 당신의 일상과 거리가 있는 얘기일 터이므로, 우리는 아주 실제적인 예를 들어보겠다. 당신이 자동차회사나 신용카드회사의 CEO라 할지라도, 다음을 읽지 않는다면 크게 후회할 것이다. CEO 위치에 있는 사람이라면, 매우 다양한 모빙 전략을 구사하는 자들이 대부분이다. 생명이 존재하는 한 배움을 중지할 수는 없다!

사장들의 다양한 모빙 스타일

우리가 경영학을 배워야 하는 필요성을 현대경영학 이론에서뿐만 아니라 실생활을 통해서도 느끼고 있다.

사람들이 경쟁에서 끊임없이 승리하기 위해서는 기본적인 조건이 필요하다. 그리고 효과적인 경영 스타일이 없다면, 제대로 된 모빙을 할 수 없고 오히려 상대에게 당하기만 할 뿐이다. **대체로 모빙을 잘하는 사람은 매우 영리하고 복잡한 경영 실력을 발휘하는 편이다.**

경영이론서를 읽어보면, 경영하는 스타일에는 여러 가지 형이 있다고 나와 있다. 전통적인 경영자들은 직원이 회사의 목표를 달성하는데 기여할 수 있도록 유도한다. 하지만 모빙을 하는 경영자 스타일은 개인의 성공을 최우선으로 삼고, 회사의 성공을 그 다음으로 잡는다. 솔직히 말하여, 경영과정에서 모빙하는 것은 인간의 본질적인 영역에 해당하는 문제이다. 과연 개인의 성공보다 더 중요한 것이 어디 있겠는가?

개인의 경영 스타일은 사장과 부하직원이 어떻게 행동해야 할지 방향을 결정짓는다. 여기서 권위적인 방식과 협동적인 방식이 나온다. 권위적인 방식이란 막강한 권력을 지닌 사장(신 다음으로 지위가 높다)이 경영을 하는 것으로, 필요할 때 그는 부하직원의 동의 없이도 결정을 내린다. 부하직원도 사장의 지시사항을 충실히 이행하고, 그에게 지속적인 감독을 받는다. 반면에 협동적인 방식의 경영이란, 사장은 주어진 과제를 성공적으로 해결하고 동시에 직원들이 만족할 수 있도록 배려하는데 임무가 있다.

모빙을 하는 경영 스타일의 경우, 사장이나 간부들은 매일 자신의 위치를 향상시키고 남은 정열을 회사에 쏟는다.

모빙을 활용하는 경영은 지금껏 최고로 실력 있는 경영자들만 실천해 왔기에 널리 알려지지 않았다. **독일의 경영자들은 장군, 목사, 신부, 심리학자처럼 행동한다.** 왜냐하면 이들이 때로는 협동적인 태도를, 때로는 권위적인 태도를 취하기 때문이다. 우리가 직장생활을 해봐서 알고 있는데, 그런 태도는 군대, 수도원, 감옥, 교회에서나 어울릴 것이다.

독일사람은 아방가르드적인 경영방식에 마음의 문을 굳게 닫고 있다. 이로 인해 발생하는 불행은 이미 충분히 알려져 있다. 경제적으로 중요한 문제, 가령 혁신의지의 부족과 같은 문제는 좀처럼 해결되지 않는다. 중요한 회사문제를 결정하는데 있어, 개인적인 관심사가 주요 동기로 받아들여지지 않는다면 아무 것도 바뀌지 않을 것이다. 자신에게 이익이 돌아오지 않는데, 어느 누가 최선을 다하겠는가?

이럴 경우 도움이 되는 것은 모빙을 투입하는 경영 스타일이다. 여기서 개인의 이익이 회사의 이익보다 앞서면, 결국 회사 전체가 큰 이익을 얻게 된다.

모빙을 잘하는 사장은 주로 두 가지 전략을 사용한다. 그것은 **기분 나쁠 정도로 자신의 주장을 내세우는 것과, 바보스럽게 보일 만큼 그 주장을 반복하는 것이다.**

객관적인 자료와 증거가 없는, 그야말로 단순하고 솔직한 주장은 직원들에게 지속적으로 영향을 미칠 수 있다. 주장이 분명할수록, 그리고 그 주장의 증거나 근거가 미약할수록 더 많은 존경심을 불러일으킬 수 있다. 수많은 종교적, 정치적 선동자들이 이런 도구를 사용한다. 특히 이데올로기 주창자에게는 필수적이다.

주장이란 계속 반복해야만 진정으로 효력을 발휘한다. 그것도 똑같은 방식으로 되풀이함으로써 상대에게 졸음이 오도록 만들어야 한다.

나폴레옹이 말하기를, 명령 내릴 때 가장 중요한 기술은 반복하는 것이라고 했다. 우리 모두는 이미 학교에서 이것을 배웠고, 위대한 독재자들의 연설에서도 배웠다. 어떤 것을 충분히 반복하면, 어느새 머릿속에 각인된다.

이렇듯 모빙을 사용한 경영방식은 아주 간단하다. 회사에서 성공적으로 모빙하는 사람은 자신의 주장을 상대가 귀찮아 할 만큼 끊임없이 반복해야 하는데, 이때 주장하는 내용이 자신의 성공목표와 일치해야 한다. 당신의 주장이 근거 있다는 점을 절대로 입증하지 말고, 어떤 의심도 자라지 못하도록 한다. 왜냐하면 천성이 지도자인 사람은 자신을 토론의 대상이 되게끔 내버려두지 않기 때문이다. 모든 사람들이 당신의 말을 이해할 때까지 계속 밀어붙이거나, 지쳐서 그들이 제풀에 나가 떨어질 때까지 밀고나가야 한다.

이 전략(상대를 녹초로 만드는)을 사용하여 모든 경쟁자를 물리친 당신은 이제 회장자리에 앉을 일만 남았다. 다음은 어떤 전략을 구사해야 될지, 아래에서 익히게 될 것이다.

구내식당에서

직원끼리 함께 식사하는 구내식당은 사실상 모빙을 하기에 지상천국이다. 이것을 아는 사람은 매우 드물다. 얼핏 보기에 직원들이 별생각 없이 식사를 하는 것처럼 보이지만, 실은 아주 모호한 장소인 것이다.

사장인지, 말단사원인지, 인턴사원인지 명함을 가슴에 달고 식당에 들어가는 것은 아니지만, 각자 자신의 지위는 물론 식탁에 앉아 있는 다른 사람들의 지위까지 훤히 알고 있다. 그래서 식사를 끝내고 사무실, 공장, 상점, 컨베이어 벨트 등 각자의 위치로 돌아가면 이내 위계질서가 잡히곤 한다.

구내식당이란 절반은 공적인 공간이고, 절반은 감정적인 어수선함이 존재하는 사적인 공간이다. 가정에서처럼 수다와 잡담을 늘어놓을 수 있는 장소인 것이다. 때문에 이곳은 모빙을 하는 장소로 큰 장점이 있다. 점심시간이라는 모호한 시간대에 당신이 한 말에 뒤통수를 얻어맞을 일이란 거의 없다. **이곳은 재치 있고, 교묘하며, 효과적으로 모빙할 절호의 기회를 노릴 수 있는 장소이다.**

단, 이곳에서 주의해야 할 점은 전혀 모르는 사람이 앉아 있는 식탁이나, 당신이 한번도 대화를 나누어보지 않은 사람들이 앉아 있는 식탁에는 절대로 함께 해서 안 된다는 것. 물론 혼자 식사를 해서도 안 된다. 그러면 당신이 모빙 능력을 시험할 수 있는 기회를 잡지 못할 뿐 아니라, 오히려 당신이 근처에 앉아 있는 사람들의 입에 오르내릴 수 있다. 또 모빙을 시작하기도 전에 끝내야 하는 상황이 발생할 수도 있다.

당신의 옆에 누가 앉으면 좋을지 당신 스스로 결정하라. 정확하게 모빙을 하려면 이에 적합한 환경이 만들어져야 한다. 전체 사원이든, 경쟁자이든, 시기심 많은 동료 앞이든 말이다. 초보자만이 자리를 잘못 고르는 실수를 저지른다!

이제 누구를, 그리고 무엇을 겨냥해야 할지가 문제이다. **만약 사장인 당신이 어떤 직원을 노린다면, 구내식당은 포기하고 다른 곳에서 식사하는 편이 좋다.** 별효과도 없이 몇 마디를 쏘아주는 것 외에, 당신에게 비판적이기 쉬운 수많은 부하직원 사이에서 이렇다 하게 모빙을 할 수가 없다. 탁월하게 모빙하는 사람이라면 이런 식으로 하지 않는다. 그리고 사장이라면 굳이 그럴 필요도 없다. 다른 방식으로 은근하면서도 충분히 효과적인 모빙을 할 수 있는 것이다.

어쩌면 당신은 직원들이 점심시간에 사장을 흉보는 일을 막아야 하지 않을까 하고 생각할지도 모른다. 기본적으로 당신의 생각은 옳다. 어쨌거나 당신은 자리를 지켜야 하고 주의를 늦추어서는 안 된다. 하지만 당신이 그런 잡담을 완전히 근절시키지는 못한다. 직원들이란 구내식당이 아니어도 다른 곳 어디에서든 당신 이야기를 할 게 뻔하니까.

아주 작은 구멍이 큰 댐을 무너뜨릴 수 있는 법. 그러니 모빙을 탁월하게 하는 사람이라면 더 나은 방법을 알고 있다. 가령,

구내식당에서 음모를 꾸민다고 의심이 가는 그룹에 당신의 심복을 잠입시킨다(그를 포용하고, 어깨를 툭툭 쳐주도록 하자. 그는 반드시 당신에게 충성심을 갖게 될 것이다!). 사장에게 신뢰받는다고 믿는 그가 식탁에서 오가는 이야기들에 대해 당신에게 보고할 것이다.

이렇게 하면 당신이 언제라도 직원들의 충성도와 동태를 파악할 수 있다. 또한 직원들이 당신 모르게 계략을 꾸미고 있을지 모른다는 두려움을 느끼거나, **당신이 배신당할 위험에 처해 있을지라도, 당신은 사건이 터지기 전에 한발 앞서 대처할 수 있는 시간을 벌게 된다.**

다른 방법으로, 구내식당에서 식사할 동안 당신은 큰 어려움 없이 사장으로서의 영향력을 행사할 수 있다. 가끔씩 게임 규칙을 변경하는 것이다.

예를 들어 커피타임을 줄이겠다고 선언한다. 직원들이 너무 자주 자리를 비운다고, 이런 형편이니 고객이 전화해도 받는 사람이 없고, 자리를 비운 직원은 아무리 찾아도 나타나지 않는다고 이유를 든다. 사장인 당신은 당연히 커피타임을 줄일 권한이 있다. 만약 직원들의 항의에도 아랑곳 하지 않을 자신이 있다면, 아예 커피타임을 날려버릴 수도 있다. 이렇게 구내식당의 분위기를 험악하게 만듦으로써 직원들이 감히 사장에게 모빙할 수 없도록 만드는 방법이다.

또다른 방법으로, 음식의 맛이 떨어지게 하고, 점심시간을 줄이는 것이 있다. 시간이 줄어든 직원들은 구내식당에서 사장이나 상사에 대한 불평을 늘어놓지도 못할 것이며, 그렇다고 해서 밖에 나가 식사할 만큼 충분한 시간도 안 된다. 머지않아 당신은 비열한 놈이 항상 이긴다는 사실을 확인하게 될 것이다. 근무하는 시간이 너무 길다고 직원들이 불평해오기 전에, 당신은 유유히 집으로 들어가 아내에게 이런저런 이야기를 하는 것이다. 물론 그녀는 회사문제에 전혀 관심이 없겠지만, 심리적으로 당신을 위로해줄 수는 있다. 이로써 당신은 문제를 명쾌하게 해결한 셈이 된다.

그렇다면, 직원이 사장을 모빙하려 할 때 어떤 방법을 쓸 수 있을까?

이때에도 구내식당은 아주 좋은 장소이다. 우선 당신과 뜻을 같이하는 그룹을 만든다. **사장에게 부당한 대우를 받고 있다고 느끼는 직원들을 모아서 그들에게 끌어안기 전략을 구사한다.** 왜 그가 사장에게 불만이 많은지는 중요하지 않다. 또한 그런 대우를 받는 것이 정당한지 그렇지 않은지도 중요하지 않다. 오로지 그자가 사장에게 불만을 품고 있으며, 그에게 심한 말을 할 수 있는 사람이라는 사실만 중요하다.

조직을 결성할 때는 사장이 승진시켜주었거나 특혜를 주었던 사람이라는 이유로 제외시켜서는 안 된다. 얼핏 보면 승진을 하고, 자동차를 보너스로 받고, 넓은 사무실에서 일하는 직원도, 알고보면 자신의 희망 대신 그런 것들로 보상받은 경우가 많다. 사실 따지고 보면 업무 대리인, 어시스턴트 매니저, 매니징 디렉터 등 이런저런 타이틀은 당사자에게 실질적인 권한을 준 것이라기보다는, 그를 심리적으로 안정시키는 자리일 뿐이다.

이런 동료는 바보가 아닌 이상 — 모빙의 잠재적 동지를 이렇게 가정하자 — 몇달이 지난 뒤 자신이 속은 사실을 알게 되고, 사장에게 배신감을 느끼게 된다. 이럴 때 바로 작업에 들어가야 된다. 이런 사람들과도 연대하여 앞으로 모빙을 하는 것이다.

잠정적으로 조직을 결성한 다음, 당신이 해야 할 일은 알곡에서 쭉정이를 가려내는 작업이다. 다시 말해 마음속에서 당신과 연대할 생각이 없는 사람들을 정확하게 골라내야 한다. 신뢰할 수 없는 사람을 받아들이면 안 된다. **소문내기로 외교적 전략을 펼칠 때는 진실로 믿을 수 있는 사람만 필요하다.** 다른 주의점은, 연대한 동료들에게 사장을 모빙하려는 행동이 당신의 작전이라는 인상을 주면 안 된다. 어떤 정보나 내용에서도 당신이 소문의 진원지라는 냄새를 풍겨서는 안 되고, 제3자에게 들은 말이라고 해야 한다. 그래야만 훗날 뒤탈이 없을 것이다.

모빙에 탁월한 사람은 결코 감정적으로 행동하지 않는다. **이들은 냉정한 이성으로 철저하게 작업한다. 더구나 감탄스러울 정도의 동물적 본능을 지니고 있다.**

위와 정반대의 예로 위르겐 묄레만*을 들 수 있다. 한때 자민당의 당수였던 그가 자신의 감정을 지나치게 노출하지 않았더라면, 그는 벌써 총리의 자리에 올랐을 것이다.

모빙할 때 감정을 자주 노출하는 사람이 일찍 출세하고 대중들의 인기를 얻고 있다면, 이런 사람은 실수하기 십상이다. 우리는 바로 이런 점을 조심하라고 권고한다. 이 경우 오히려 뒤통수를 맞을 가능성이 아주 높다.

소문을 퍼뜨리는 전략 외에도 사장의 능력에 의문을 제기하거나(과소평가 전략), 사장을 무시한 채 업무상의 문제를 논의하는(충성심에 상처내기 전략) 장소로 구내식당이 적합하다. 어쨌거나 구내식당이란 곳은 우리가 제시한 모빙 전략의 대부분을 시험하기에 아주 좋은 공간이다. 물론 이곳에서 몸을 이용하는 전략을 시험하려면 대담한 용기가 필요하다.

★ Jürgen Möllemann : 2003년 봄, 자민당을 탈퇴했다. 선거전에서 반이스라엘적 내용이 담긴 전단을 뿌려 선거법을 위반했기 때문이다. 세금 포탈, 선거법 위반, 사기 등의 혐의로 수사받던 중, 2003년 12월 스카이다이빙 사고로 추락사했다. 자살인지 사고사인지는 아직도 확실하지 않다.

구내식당에서 사장에게 가한 모빙 전략이 효과적이었다면, 그것은 다른 사람에게 적용하더라도 무난하다. 그러니까 동급 직위에 있는 동료나 경쟁자에게 사용해도 마찬가지라는 뜻이다. 하지만 이때는 함께 연대할 동료를 구하기가 쉽지 않을 것이다. 모빙을 주도하는 사람이 타인의 감정을 얼마나 다치게 했는지에 따라서 그 일이 의외로 쉬울 수 있고, 상당히 어려울 수도 있다.

일반적으로 재수 없다는 평이 나도는 사람이라면, 굳이 모빙 대상으로 삼을 필요가 없다. 괜한 시간 낭비일 뿐, 모든 사람이 당신과 같이 생각하고 있는데, 구태여 당신이 나서서 행동을 취할 필요가 없다는 뜻이다.

흥미로우면서도 조심해야 할 경우는, 회사에서 어느 정도 필요로 하는 동료를 모빙할 때이다. **이런 사람은 특정 분야에 대한 전문지식을 상당히 지니고 있으므로, 당신이 특별히 신경 쓰지 않으면 도리어 망신당할 수가 있다.**

우선 구내식당에서는 오늘은 이 식탁, 내일은 저 식탁에 앉아 식사하면서, 경쟁자에 대해 어떤 사람이 무슨 말을 어떻게 하는지 잘 들어야 한다. 그런 다음 경쟁자와 대항할 수 있는 연대를 서서히 결성해야 한다. 이 작업에 성공한 당신이라면 여러 가지 전략들을 마음껏 사용할 수 있다.

구내식당이란 온갖 직원들이 타고 있는 회전목마라고 생각하면 꼭 맞다. 다시 말해 입사 후 처음으로 모빙을 시험해보기에 이상적인 장소이고, 그야말로 모빙의 대가에게는 없어서안 될 매우 중요한 장소이다. 그러므로 힘찬 발걸음으로 식당문을 열기 전에, 당신이 모빙할 수 있도록 내공을 가득 쌓아두어야 할 것이다. 만약 당신이 지금 슬럼프에 빠져 있다면, 가을철 회사 야유회까지 모빙을 연기하는 편이 차라리 낫다.

야유회에서

회사의 야유회 현장은 구내식당에서 모빙할 때와 여러모로 비슷하지만, 두 가지 점에서 차이가 있다. 우선 **야유회는 시간적으로 훨씬 길기 때문에 구내식당에서 모빙할 때보다 더 구체적으로 할 수 있다.** 이때를 이용하여 교묘하면서도 의미심장하게 메시지를 전달하고, 모빙 능력을 최대한 발휘하는 기회를 만들 수 있다. 어느 날 당신에게 반격을 가해올 경쟁자에게 깊은 인상을 심어줄 뿐 아니라 겁을 먹게 할 수도 있는 날인 것이다.

다른 하나는, 회사의 야유회란 보통 1년에 한번 가지는 행사이다. 그렇기 때문에 이 순간이 왔다고 해서 오랜 기간이 소요되는 모빙 계획을 실행할 수는 없다. 야유회는 당신이 구내식당 등에서 동료들에게 가했던 모빙을 좀더 심화시키는 기회로 삼아야지, 즉흥적으로 어떤 행동을 취하는 것은 현명하지 못하다. 이렇게 되면 오히려 당신이 위험할 수 있고, 성공할 가능성도 희박해진다.

야유회는 당신이 멋진 동료라는 점을 보여주기에 아주 좋은 기회이다. 재정적으로 부담이 좀 되더라도 아까워하지 말고 돈을 쓸 각오를 한다. 일년에 한번뿐인 행사이니 사람들은 당신이 한 턱 쏜 것을 선명하게 기억할 것이다.

흔히 왜 사장들이 야유회 때에 술을 사겠는가? 바로 이런 점을 간파하고 있기 때문이다. 당신이 사장과 경쟁해서 그보다 좀더 많은 돈을 쓰도록 한다. 그러면 모든 직원들이 당신에게 호감을 보일 것이다.

이 방법은 직원들 앞에서 사장을 재치 있게 무시할 수 있는 아주 간단한 모빙이다. 이런 일이 있고 나면, 보다 많은 직원이 당신과 함께 연대하여 간부급에게 대항할 준비를 할 것이다. 부하직원들에게 모빙당하는 간부들이란, 어차피 후배를 위해 한푼도 쓰지 않는 사람들이다.

또다른 전략이 있는데, 이는 약간 교활한 방법이다. 이 전략을 위해서, 당신이 우선 야유회 행사를 직접 준비해야 한다. 모두들 이런 과외의 일을 꺼려 하므로, 당신이 맡겠다고 나서면 고마워할 것이다. 이때 사장이 마지막 순간에 빠지지 않도록 계획을 잘 세워야 한다. 사장의 여비서에게 데이트신청을 하는 것도 나쁘지 않은 계획이다. 데이트할 때, 사장이 다른 약속을 이유로 야유회에 불참하는 일이 없도록 해달라고 그녀에게 특별히 부탁하는 것이다. **일단 야유회에 참석한 사장이라면 당신이 마음대로 조종할 수 있다.**

이번 야유회를 총괄·진행하는 사람이 당신다. 그러므로 다양한 방법으로 사장을 골탕먹일 수 있다. 만약 그가 물을 두려워한다면, 보트게임을 준비하여 페달로 움직이는 보트에 그를 앉힌다. 또한 고소공포증이 있다면, 그가 기구를 타고 비행하도록 자연스럽게 분위기를 이끌어나간다.

만약 사장이 애주가라면, 예쁜 여자들이 있는 유명한 술집으로 2차 가는 프로그램을 빠뜨려서는 안 된다. 그가 미인을 좋아한다면, 가장 예쁜 여자를 그의 옆에 앉혀 시중들게 한다. 이런 식으로 행사를 진행하면 사장의 사적인 면모를 낱낱이 보게 될 것이다.

골탕을 먹이는 방법이 여기에서 끝나지 않는다. 명품 의류나 신발을 선호하는 사장이라면 산길을 산책하는 아이디어도 나쁘지 않다. 그가 미식가라면 양념이나 고기가 들어가지 않은 단순한 음식이 나오는 식당을 예약하고, 반대로 채식주의자라면 피가 뚝뚝 떨어지는 생고기를 먹도록 한다.

또한 예술을 사랑하고 건축에 조예가 깊은 사장이라면, 점심식사를 하면서 이 분야에 대하여 강연해달라고 갑자기 부탁한다. 물론 사전에 아무런 귀뜸도 해주면 안 된다.

보다시피 야유회는 모빙 기술을 시험할 수 있는 절호의 기회이다. 야유회에 빠지려고 온갖 핑계를 만들지 말고, 이번 야유회에서 모빙하는 상상을 하면서 적극 참여하길 바란다.

출장길에서

출장은 야유회와 비슷한 점이 있다. 당신이 사장에게 출장비를 받게 되니 당연히 사장이 권력을 지니게 된다. 그러므로 **사장과 함께 출장을 떠나게 된다면, 직원인 당신이 여행 도중 사장에게 모빙할 생각은 버려야 한다.** 하지만 당신이 회사의 간부라면, 출장길이란 누구에게 더 파워가 있는지 당신의 경쟁자에게 공공연히 과시할 수 있는 기회가 된다.

출장을 떠남과 동시에 모빙 작업에 들어갈 수 있다. 즉 모든 게임규칙을 당신이 정하는 것이다. 예를 들어보자. 동행하는 직원에게 출장 스케줄에 관해서(공항에서 체크인하기, 호텔에서 업무상 파트너와의 만남, 아침식사 등등) 아무 것도 알려주지 않는다. 좀더 교묘하게는 함께 간 다른 동료에게는 스케줄을 말해주되, 모빙하려는 대상에게만 어떤 말도 하지 않는다. 한마디로 출장중 모든 일을 당신이 원하는 방식으로 처리하고, 다른 사람들은 모두 당신을 따르도록 만들어야 한다. 그러면 경쟁자가 스트레스를 받고 불편해 할 것이며, 당신에게 권력이 있다는 사실을 한층 더 강하게 느낄 것이다.

만약 당신에게 기차나 비행기의 좌석을 예약할 권한이 있다면, 이 기회를 이용하여 자신이 특별하다는 점을 부각시킨다. 당신이 아무리 겸손하게 행동하더라도 다른 사람들은 이를 높이 평가해주지 않는다. 그러므로 **자신에게 주어진 특권을 최대한 이용하여 위대하게 보일 필요가 있다.**

이렇게 하는 것이다! 당신이 일등석에 앉고, 경쟁자는 비즈니스석이나 이코노미석에 앉도록! 신분의 차이를 확연하게 보여주자. 이렇게 함으로써 동행한 다른 직원에게도 일등석과 이등석의 차이가 무엇인지 보여주는 셈이 된다.

고급스러운 샴페인을 한잔 들고 직원들이 앉아 있는 자리로 간다. 이때 2분 이상 머물러서는 안 된다. 일등석에 혼자 있어 지루하다는 인상을 심어줄 수 있기 때문이다. 일등석에서 우연히 한 대기업의 회장과 옆자리에 앉게 되어 그와 인사를 나누었노라고, 어서 가서 그분과 다시 대화를 이어가야 된다며 은근히 과시하도록 한다.

목적지에 도착하면 이제 본격적으로 일을 시작해야 한다. 어떤 형식으로든 회의나 약속이 잡혀 있을 것이다. 파트너와의 면담이 있거나, 관청이나 투자자 앞에서 회사 소개를 해야 하거나, 혹은 물품공급자와 가격을 협상해야 할 것이다.

이때 당신이 주시해왔던 모빙 대상자에게 회사 소개를 시키거나, 회의록을 작성하도록 시킨다. 이로써 경쟁자와 명확하게 거리를 둔 셈이 된다. 상대가 제대로 기록하지 않으면, 아무리 사소한 일일지라도 기록하라고 명령한다.

이보다 더 멋진 방법은 경쟁자가 잘 구사하지 못하는 언어(독어나 불어, 경우에 따라 러시아어)로 회의를 진행시키는 것이다. 그리고는 회의내용을 자세히 기록해달라고 친절히 부탁한다. 그가 자신은 그 언어에 서투르니 못하겠다고 사양해도 절대로 주장을 굽히면 안 된다.

오히려 경쟁자의 무능함에 놀랐다는 표정을 지어야 한다. 그런 다음 한걸음 양보해서, 평소에 공부를 게을리하지 말아야 프로가 될 수 있다는 지적과 함께, 이번 기회에 한번 연습해보라고 선심을 써준다.

당신이 외국어를 얼마나 훌륭하게 구사하는지는 그다지 중요하지 않다. 회의록을 작성하는 사람이 당신은 아니니까. 만일 당신이 외국어를 잘한다면, 출장이 끝난 다음 회의록을 가져오도록 하여 틀린 부분을 고쳐주자. 그리고 중요한 요점만 몇 가지 고쳤다는 말과 함께 회의록을 되돌려준다.

이런 식으로 상대를 무시하는 전략을 쓰면, 금세 그의 자존심이 구겨지고 말 것이다. 다음 출장을 떠나기 직전에 이러한 모빙을 가하면, 상대는 분명 그 기간에 휴가를 내거나 병가를 신청할 것이다.

인터넷상에서

인터넷이 점점 우리의 삶을 지배하고 있다. 정보와 대화를 제공하는 이 시스템은 네트워크로 연결된 세계에서 중요한 역할을 하고 있고, 바이트니 하는 말들이 어느새 일상어가 되고 말았다. 사람들은 인터넷으로 정보를 얻고, 사업파트너 혹은 친구들과 대화를 나누고, 물건을 사고팔며, 계약을 맺기도 한다. 얼마 전까지만 해도 반드시 직접 만나야 했던 일이 이제는 컴퓨터로 모든 것을 해결한다.

놀라운 이 기술이 혁신적인 모빙 도구로 투입되었다. 통계도 이를 증명해준다. 즉, 15 ~ 70세까지의 독일인 가운데 40퍼센트가 인터넷을 사용한다는 것이다. 더구나 인터넷 사용자는 6개월 단위로 영국의 인구수만큼 증가하고 있다. 매년 인터넷 접속자가 49퍼센트씩 증가하고 있으며, 2003년에는 약 3천5백만 개의 온라인 쇼핑몰이 생겨났다. 이렇듯 우리가 어마어마한 기술을 사용하지 않는다면, 꼼짝없이 시대에 뒤떨어진 사람이 되고 마는 것이다. 이제 인터넷은 전세계적으로 모빙을 펼칠 수 있는 미래의 매체이다!

컴퓨터로 모빙하려면 어떤 방법이 있을까? 인터넷이나 회사

내부에 연결되어 있는 네트워크를 통하여 모빙을 시도하는 방법은 수없이 많다.

온라인 모빙을 펼칠 수 있는 다른 가능성은 새롭게 출시되는 소프트웨어를 이용하는 것인데, 이것은 그다지 새로운 방식이 아니다. 우리가 조금만 노력한다면 금세 프로그램을 이해할 수 있을 것이다.

전세계의 모든 사람이 물을 사용해 요리를 한다. 정보 역시 마찬가지다. 다시 말해 **당신은 새로운 시스템을 이해하고 이 것을 다루는데 있어 항상 1등이 되어야 한다.** 더 간단한 방법은, 새로운 소프트웨어를 구입하거나 적어도 이 사실을 일찍 아는 직원보다 당신이 한발 앞서는 것이다.

과소평가 전략을 사용하려면 남보다 빠르게 정보를 얻어야 한다. 당신보다 훨씬 똑똑한 동료에게 그가 IT 기술에 얼마나 문외한인지 본때를 보여주는 것이다. 그럼으로써 소프트웨어 분야라면 당신이 최고의 전문가라는 사실을 사장이 인정하도록 해야 한다.

엄청난 양의 이메일로 경쟁자에게 폭탄을 터뜨리는 것도 좋은 방법이다. 단지 어마어마한 메일만으로 경쟁자를 절망에 빠뜨릴 수 있고, 심지어 회사 네트워크 전체를 망가뜨릴 수도 있다. 이 정도면 심각한 상황이 될 수 있다.

이를테면 경쟁자는 엄청난 메일에서 필요한 것을 가려내느라 업무도 제대로 못할 것이다. 이러한 '**이메일 폭탄**'은 **심리적 테러를 합법적으로 시도할 수 있는 도구이다.** 만약 당신이 장기간 폭탄메일을 경쟁자에게 날려 보낸다면, 그는 매일 아침 출근하여 이메일을 열어야 하는 상황 자체가 엄청난 스트레스로 다가올 것이다.

하지만 모빙 대상에 해당되지 않는 다른 직원들이 간접적으로 피해를 볼 수 있다는 점을 항상 고려해야 한다. 물론 당신과 당신의 경쟁자 역시 예외가 아니다. 반복적으로 네트워크가 망가지면 회사 전체의 업무를 볼 수 없게 되며, 사람들은 서버가 고장난 것이라고 의심하게 될 것이다. 그래서 대부분의 경우 메일박스를 통한 테러는 더이상 시도할 수 없는데, 시스템 관리자들이 방어 시스템을 설치해놓기 때문이다.

만약 당신이 휴가를 마치고 돌아온 사장의 얼굴과 마주치고 싶지 않다면? **그가 휴가를 마치고 돌아온 첫날에 중요하든 중요하지 않든 온갖 정보를 그에게 쏟아붓자!** 엄청난 양의 이메일을 그에게 보내는 것이다. 사장은 업무보고, 뉴스, 골프 소식, 세일광고, 사내동향, 비아그라 선전문구 등을 읽느라 아무 생각도 할 수 없을 것이다. 족히 반나절은 지나야 메일 체크를 끝낼 수 있으며, 적어도 그때까지는 당신을 괴롭히지 못할 것이다.

인터넷에서 쉽게 얻을 수 있는 대중적 효과를 전략적으로 이용할 수도 있다. 즉 당신을 골탕먹이려는 동료나 친구에게 아주 중요하다는 표시를 한 이메일을 보내는 것이다. 물론 그들이 열어본 메일은 그다지 중요하지 않은 것이다. 장황하고 지루한 메일을 읽으려면 시간이 오래 걸리며, 당신의 경쟁자는 집중력을 잃어 한동안 일에 몰두할 수 없게 된다.

이 정도로 부족한가? 그의 사기를 완전히 떨어뜨리고 싶다면, 바이러스를 보내도록 한다. 물론 경로는 철저하게 우회로를 사용해야 한다. 그리하여 **회사의 시스템이 완전히 망가지면, 모든 동료들이 출처가 의심스러운 이상한 메일을 열어본 당신의 경쟁자를 의심할 것이다.** 이 방법은 외교적 전략, 즉 소문내기보다 더 효과적이다!

널리 퍼져 있는 또다른 방법은 소위 '음란 사이트'를 경쟁자에게 보내는 것이다. 만일 당신의 경쟁자가 근무하는 사무실이 칸막이 없이 탁 트인 공간이라면, 메일을 열어본 그는 생각지도 못한 음란 동영상이 화면에 가득 차버린 돌발상황에 당황할 터이고, 누가 보기라도 한다면 창피하여 얼굴을 들지 못할 것이다. 그의 여자친구나 부인이 그의 메일 주소와 암호를 알고 있어도 효과만점이다.

이따위 음탕한 메일을 보낸다 해도 대부분의 경우 경찰에 불려가지는 않는다. 하지만 모빙의 대가들이라면 솔직히 말해 이런 야비한 행동까지는 하지 않는다.

어쨌거나 당신이 인터넷 모빙을 시도할 때, 가끔씩 아주아주 중요한 핵심정보를 포함한 메일도 보내야 한다. 그가 당신이 보낸 메일이라면 열어보지도 않고 무조건 삭제해버리면 그만인 것이다.

네트워크를 이용한 모빙은 효과적인 대안이 될 수 있다. **오늘날에는 다른 사람의 컴퓨터를 원격조정할 수도 있다.** 특정 소프트웨어를 사용하면, 나를 적대시하는 사람의 컴퓨터를 완벽하게 통제할 수 있다는 뜻이다.

상대방의 데이터와 메일을 삭제하고 숨기는 일, 염탐을 하거나 사용자 아이디와 비밀번호를 바꾸는 것도 손쉽게 할 수 있다. 데이터를 삭제하거나 아이디를 바꾸면 당사자가 큰 타격을 받게 된다는 것은 의심할 여지가 없다. 그러니 익명으로 스토킹성 전화를 한다거나, 계단에서 험담하는 식의 심리적 테러와는 비교가 안 된다!

회사의 이메일로 당신이 이득을 취할 수 있어야 한다. '아는 것이 힘이다' 라는 슬로건을 내세우면서…… "단순한 것만이 천재적이다" 라고 아인슈타인이 말했지만, 당신이 모빙할 때는 이 원칙을 거꾸로 적용하면 된다. 즉 '복잡한 것만이 상대를 불안에 빠뜨리고 좌절시킬 수 있다.'

온라인 모빙은 당신에게 무한한 가능성을 열어주며 혁신적인 자유까지 제공해준다.

동료들과 대화에서

동료들과의 대화는 경영자들이 자주 사용하는 수단일 뿐만 아니라 '리더십 모빙'을 위해서도 아주 좋은 도구이다. 이 방법으로 당신은 자리를 확고하게 지키고, 경쟁자를 물리치며, 이들에게 당신의 위치를 확인시켜줄 수도 있다.

좁은 의미에서 볼 때 **'리더십 모빙'이란, 당신의 경쟁자가 아직 부하직원일 때, 이 사람을 훌륭하게 활용하여 당신의 위치를 확고하게 만드는 것을 의미한다.** 그러기 위해서 당신은 약간의 모빙 경험이 있어야 한다. 물론 우리는 당신에게 이미 그런 경험이 있다고 간주하고 싶다.

이때 모든 경우를 고려하여 움직여야 한다. 그러니까 직원과의 대화시간은 모빙 전략을 펼칠 수 있는 상황일 뿐 아니라, 동시에 당신이 목표물로 찍은 부하가 당신보다 높은 간부들과 관계를 맺을 수 있는 위험한 순간이기도 하다. 그러므로 당신이 어떠한 실수도 해서는 안 된다.

하지만 당신이 실수하지 않을 자신이 있다면, 앞으로 당신의 경쟁자가 될 가능성이 높은 사람과 사업목표나 업무상의 발전 가능성, 또는 구체적인 사안에 대하여 직접 담판을 벌일 수도 있다.

회의시간에 다른 직원들 앞에서 당신이 경쟁자의 자신감을 무너뜨리고 그의 무능을 폭로한다면(과소평가 전략) 당연히 성공할 수 있다. 그가 결코 달성할 수 없는 목표를 정해주고, 불가능한 발전가능성에 대하여 기대를 가지게 하는 등 현실적으로 불가능한 업무를 그에게 맡기도록 한다.

어떻게 하느냐고? 당신의 경쟁자가 가지고 있는 능력(인내심, 부지런함, 신뢰성 등)을 과장하여 칭찬하는 일부터 시작한다. 이토록 '능력 있는' 직원이므로 아무리 어려운 과제를 주더라도 별로 이상하게 보이지 않는다. 이때 주의해야 할 점은 절대로 비꼬는 투로 말해서는 안 된다. 비록 웃음이 터져나오는 상황을 참는 한이 있더라도, 아주 진지하게 그 과제를 맡을 사람은 오로지 그 사람(앞으로 당신의 경쟁자가 될 가능성이 높은 사람)밖에 없다고 공공연하게 주장한다.

모든 사람은 칭찬 듣기를 좋아한다. 그리고 **어떤 사람도 부하를 칭찬하는 당신에게 부하를 골탕먹이려는 의도가 숨어 있으리라고 의심하지 않을 것이다.**

이런 식으로 준비작업이 끝나면, 당신의 경쟁자는 매우 중요한 책임을 자신이 맡았다는 심리적 부담감을 안게 된다. 한마디로 그가 전혀 의도하지 않는 발전가능성을 빙자하여 당신은 그를 한동안 조종할 수 있고, 심지어 그의 사기를 완전히 꺾어버릴 수도 있다.

어쩌면 이런 전략이 자신감 없고 귀가 얇은 사람에게만 먹힐 거라고 생각할 수도 있겠다. 하지만 전혀 그렇지 않다. 만약 상대가 그렇듯 물렁물렁한 사람이라면 당신의 경쟁자가 되지도 못한다. 당신이 상대를 높이 평가하는 한, 상대는 당신의 칭찬이 사실이라고 굳게 믿는다.

자, 이제부터 상사로부터 지나치게 과도한 칭찬을 듣게 되면 일단 의심해볼 필요가 있다. 어쩌면 당신의 상사가 이 책을 읽은 후, 당신에게 몇몇 어려운 과제를 내려줄지도 모르는 일 아닌가!

만약 당신이 직원을 해고하려는 것이 아니라, 어떤 일에 그를 투입시킬 목적이라면 각본을 전혀 다르게 짜야 한다. 이럴 경우라면 우리가 제시한 전략 가운데 어느 전략을 투입해도 상관없다. 그래도 가장 효과적인 한 가지 전략만 추천하자면, 소문내기 : 외교적 전략이다.

처음에는 자연스럽게 시작해야 한다. 이를테면 시간을 끌면서 직원에게 끊임없이 이야기를 하는 것이다. 끝없는 이야기에 직원은 몹시 지루해 할 것이다. 물론 이때 사적인 이야기를 한다는 인상을 주어서는 절대 안 된다. 그야말로 **중립적인 입장에서 객관적으로 직원관리를 하고 있다는 이미지를 심어주어야 한다.**

적당한 기회가 오면, 가령 다른 직원이나 다른 부서와의 협력이 주제로 등장하면, 그 자리에 없는 직원이나 상사에 대한 평을 넌지시 던져보는 것이다. 그리고 상대에게 반드시 비밀을 지켜야 한다고 못박은 다음, 퍼뜨리고 싶은 정보를 은근히 말한다. 이런 기회는 상대를 당신의 편으로 만들고, 그에게 다른 직원에 대한 정보를 제공해줄 수 있는 절호의 찬스이다. 물론 당신이 뒤통수를 맞지 않으려면 지극히 조심스럽게 행동해야 한다.

소문내기 전략이 통하면 다른 동료와 연대하는 전략과 끌어안기 전략도 통한다. 이런 식으로 직원과 대화하면서 당신은 업무에 관한 지시를 내릴 수 있을 뿐만 아니라, 사소한 정보를 서로 교환할 수 있고, 동시에 당신이 원하는 목표를 향해 한발 나아갈 수 있다.

우리는 여기서 누차 강조했던 충고를 다시 한번 하고 싶다. 즉, 대화를 많이 나누도록 한다! 구내식당에서든, 인터넷에서든, 직원들과의 대화석상에서든 세련된 대화문화는 언제, 어디서나 환영받을 만한 충분한 가치가 있다!

회의석상에서

회의실은 경쟁자의 실수를 노출시킬 수 있는 이상적인 장소이다. '다른 동료와 연대하는 연대 전략'모빙, 행복한 삶을 위한 자연스러운 전략!' 당신은 우리가 내세운 이 명제를 의심하는가? 그렇다면 지금 당장 자신의 삶을 돌아보기 바란다. 날이면 날마다 당신은 엄청난 스트레스 속에서 살고 있을 것이다. 직장에서, 친구들 사이에서, 집안에서, 그 자리에 있든 없든 경쟁자를 공격하기에 아주 맞춤한 장소인 것이다.

여러 직원이 모인 장소에서 상대가 범한 실수를 폭로하고(그다지 큰 실수가 아닐지라도), 그를 비판하며, 그에게 책임을 묻는 상상만 해도 당신은 신이 날 것이다. 하지만 이렇듯 유치하게 모빙한다면, 당신에게 눈살을 찌푸리는 사람들이 꽤 나타날 것이다.

더 효과적인 방법이 있다. **그것은 상대의 실수를 즉시 공격하여 승전고를 울리는 대신, 은근슬쩍 이용하는 방법이다.** 그러니까 상대의 실수에 대하여 아직 이렇다 할 판단을 내리지 않은 직원들을 이용하는 것이다. 결국 이 사람들이 당신을 대신하여 나머지 일을 모두 해줄 것이다. 만약 이들이 별다른 비판을 하지 않는다면, 당신이 직접 그들의 의견에 대하여 질문하면 된다.

예를 하나 들어보겠다. 당신이 모빙하려는 직원이 거래선을 바꾸어 새로운 회사에서 약간 비싸게 재료를 구입했다거나, 생산하기 힘든 빛깔로 납품하겠다는 계약을 맺었다고 가정하자. 회사의 관리자들은 즉시 이 직원이 실수했다고 판단내렸고, 당신이 이 사실을 알게 되었다.

회의시간에 다음과 같이 진행하면 된다. 우선 어떤 감정도

개입시키지 않은 채, 새 회사와 맺은 계약의 요점만 발표한다. 그리고 문제의 직원이 이 일을 맡아서 수고해주었다는 점을 강조하고, 계약조건을 결정하게 된 과정에 대하여 설명해달라고 부탁한다. 그의 설명이 끝나더라도 즉석에서 그 계약건에 대한 평가를 내리면 안 된다. 계약에 참여했던 다른 직원들의 심사까지 불쾌하게 만들 수 있기 때문이다.

일단 당신의 의견은 수면 아래에 숨기고 있어야 한다. 이때 중요한 것은 회의에 참석한 직원들의 의견이다. 만약 그들이 계약건에 대하여 드러내놓고 비판하지 않는다면, 당신이 그렇게 하도록 분위기를 유도하면 된다. 가령 마케팅 전문가에게, 매출을 고려할 때 그런 색상의 제품이 어떤 결과를 가져올지 문의한 다음, 여기서부터 비판적인 결론을 이끌어내도록 유도하는 것이다.

회의에 참석한 사람들이 당신을 적대시하지 않는다면, 이제 상대가 범한 실수는 백일하에 드러나고, 굳이 당신이 나서지 않더라도 계약을 체결한 직원은 책임을 통감하게 될 것이다. 이때 당신이 부드러운 태도를 벗어던지고 계약내용을 신랄하게 비판하면 된다. 결국 경쟁자는 회의장에서 완전히 한방 먹게 될 것이다.

당신의 경쟁자를 예의주시한다면 타회사와 계약을 맺을 때가 아니더라도, 사내에서 사소한 실수를 할 때가 많을 것이다.

예를 들어, 당신의 눈엣가시와 같은 직원이 시간이 없다는 이유로 마케팅 팀장에게 상의하지도 않고 색상을 결정해버렸다. 이런 사실을 당신이 알았다고 하더라도 개인적으로 그를 불러 책임을 추궁하면 안 된다. 오히려 이런 과정을 전혀 모르고 있는 듯이 행동하다가, 회의시간에 이 사실을 말해버리면 된다. 그 파장이 예상외로 클 것이다.

당신은 용감하게 계약을 체결한 동료는 물론, 마케팅 팀장에게도 감사의 표시를 한다. 마케팅 담당자는 이미 당신의 유도작전에 말려들었다. 당신이 이 선에서 멈추더라도, 사장은 이 문제를 공식적으로 걸고 넘어지면서 당신의 잠재적인 적을 사냥할 것이 분명하다. 그때부터 당신은 동료가 저지른 실수를 드러내놓고 비판하며, 그 계약이 회사에 가져올 치명적인 결과에 대해서도 언급한다.

당신은 그가 좀더 주의를 기울여 계약에 임하지 않았으며, 엉터리 색상을 선택하여 회사 전체의 이미지와 판매에 악영향을 미칠 것이라고 공격한다. 직원들이 모두 당신의 편에 서게 될 것이다. 하지만 공격의 화살을 너무 팽팽하게 당기지 말아야 한다. 회의가 끝난 후, 상대가 당신에게 복수하려는 감정을 가져서는 안 되기 때문이다.

회의는 항상 새로운 결정과 경쟁관계에 있는 동료를 혼란스럽게 만들 수 있는 기회이다. 하지만 '게임규칙을 무사하고 바꾸는 전략'을 이용할 때는 극히 주의해야 한다. 즉흥적인 결정을 내리고 무질서하게 회의를 진행한다는 인상을 불러일으키면 당신의 권위가 땅에 떨어질 수도 있다. 그러므로 언제나 참석자들이 반대할 수 없는 분명한 근거를 제시하며 규칙을 바꾸어야 한다.

회의하기 전에는 경쟁자가 당신의 전략을 예측할 수 없도록 비밀을 유지하되, 일단 회의가 시작되면 당신의 목표에 맞도록 회의를 연출해야 한다. 최대한 신중하게 행동하고 넓은 시야를 갖도록 노력하자. 그렇지 않으면 언젠가 당신이 모빙을 당할 것이다!

면접시험에서

모빙에 탁월한 사람들은 이미 알고 있겠지만, **인간은 매우 복잡한 특성을 지니고 있다.** 이런 조건을 아는 사람이라면, 어디에서든 승자가 될 수 있다.

오랜 경험을 통해 우리가 알고 있는 사실이 있다. 그것은 바로 당신이 생각하고 말하는 바를 상대방이 진지하게 받아들이는 경우보다 더 심각한 일이 없다는 것. 이는 당신뿐 아니라 이 세상에 살고 있는 모든 사람들에게 공히 해당된다. 어떤 사람도 당신의 말을 진지하게 받아들여서는 안 된다! 혹시 이와 정반대로 생각하는가? 하나의 예를 들어보겠다.

한 젊은이가 쾰른에 있는 인터넷회사에 지원한다. 면접시험에서 사장은 당연히 그에게 컴퓨터 관련 지식과 능력을 테스트할 것이다. 지원자는 이 분야의 많은 지식을 알고 있지만, 모든 문제를 해결할 만큼 완벽하지는 않다. 과연 그럴 수 있는 사람이 몇이나 될까? 어쨌거나 이 젊은이는 사장에게 자신이 무슨 일이든 잘할 수 있다고 대답한다.

채용을 결정한 다음, 지원자가 정말 그런 능력이 있는지 사장이 시험해본다면, 분명 따질 일이 한두 가지가 아닐 것이다. 경험이 풍부한 인사부 팀장이라면, 이를 근거로 해서 월급을 50퍼센트 삭감할 수도 있겠지만, 적당한 기회에 그 직원을 문책하기 위해, 일단은 입을 다물고 있을 것이다.

간부인 당신은 새로 들어온 젊은 직원이 어떤 인물인지 잘 모른다. 하지만 **그 직원으로 인해 회사가 피해를 입지 않도록 조치하는 최후의 가능성은 열려 있다.** 그러니 수습기간 동안 새내기가 자기 입으로 약속한 것을 시험해볼 수 있다. 그가 회사에 입사할 때 했던 말을 모두 사실로 받아들인다면, 머지않아 어떤 사태가 벌어질지 모르는 일 아닌가.

만약 당신 손으로 그 직원을 채용했다면, 더이상 그에게 어떤 혜택도 돌아가지 않도록 조치를 취한다. 급여, 회사의 자동차, 새로운 사무실 기기 등과 같은 수단을 통해 그를 다른 직원과 차별할 수 있다. 그리고 이 무능한 녀석에게 입사할 때 자신이 한 모든 약속을 이행하라고 통보하며, 그가 어떻게 노력하는지 지켜본다. 죄책감을 느낀 직원은 꿀먹은 벙어리처럼 아무 말도 하지 못할 것이다.

그런데 이것이 모빙과 무슨 관련이 있는 걸까? 아주 간단하다. 신입사원을 길들일 경우, 그가 한 약속을 가지고 옭아매라는 뜻이다. 이로써 당신은 과소평가 전략부터 끌어안기 전략에 이르는 수많은 모빙 전략들을 사용할 수 있는 기반을 만들게 된다. 이밖에도 신입사원이 마음에 들지 않을 경우, 그가 입사할 때 했던 약속을 언급하면서 그를 해고시킬 수도 있다. 그러니 채용할 때 신입사원의 능력과 그가 한 약속 등을 기록해두도록 한다. 이렇게 하면 **어떤 직원이든 회사에서 퇴출시킬 수 있는 충분한 증거를 갖추게 된다.**

모빙이 일어나는 모든 상황에서처럼 면접시험에도 두 가지 측면이 있다.

이제 입장을 바꾸어보자. 신입사원으로 이 회사에 입사한 당신은 동일한 수단으로 상사에게 물먹일 기회를 가질 수 있다. 인사팀장은 분명 능력 있는 당신을 회사에 입사시키고자 온갖 약속과 청사진을 제시할 것이다. 이것을 흘려듣지 말고 구체적인 내용과 정확한 날짜를 기록해놓는 것이 좋다.

입사해서는 소문내기 : 외교적 전략을 활용하여 공공연하게 당신이 계약한 내용을 회사내에서 떠들고 다닌다. 이렇게 되면 사장도 모든 약속을 없었던 일로 덮어두기가 곤란할 것이다. 왜냐하면 다른 직원들이 이를 두고 그냥 넘어가지는 않을 테니까.

당신은 이 놀이를 한동안 계속해야 한다. 그러니까 반드시 사장이 한 말을 기억해야 한다. 그는 너무 많은 것을 알고 있는 당신을 더이상 모빙하려 들지 않을 것이다.

한마디로 주변사람들이 하는 말을 언제나 진지하게 받아들이는 사람은, 언젠가 자신도 그런 식으로 주변사람들을 기만할 수 있다는 것이다. 이점을 잊지 않도록 한다.

협력 업무에서

관공서뿐 아니라 작은 회사에서도 '협의 바람' 이라는 줄임말이 있다. 이 짤막한 말만 들어도 혼란스럽고, 이마에서 식은 땀이 흐르며, 두려움이 생기는 것은 물론 신경이 예민해지기 일쑤이다.

'협의 바람' 은 사무실에서 일어나는 심리적 테러의 상징적인 표현이다. 당신은 이 표현을 자주 사용해야 한다. 비록 중요한 일이 아닐지라도 말이다. 짤막한 협의를 통해 당신이 '사장이라는 점' 을 강하게 심어줄 수 있다. 그러므로 이런 수단을 절대 포기하지 말아야 하며, 당신의 자리를 엿보는 경쟁자가 있을 때에는 두말할 나위도 없다.

만일 당신이 모빙의 고수라면 이 수단을 더욱 효과적으로 사용할 것이다. 당신의 경쟁자에게 '협의 바람' 이라는 사안을 듬뿍 안겨준 다음, 그에게 협의에 응할 시간을 주지 말아야 한다. 이를테면 그 사이 이런저런 사안에 대하여 질문하고, 그 결과를 묻고, 아직도 이렇다 할 해결책을 제시하지 못한다면서 상대를 비판하면 된다.

말하자면 협의를 바란다는 식으로 당신이 경쟁자의 책임감을 계속 따지고 들면 되는 것이다. 그가 수많은 사안에 대하여 답변조차 못하는 사이, 당신은 모든 부분에서 직접 결정을 내린다. 그러면서 그가 비협조적이라고 못을 박는다. 하지만 이때 당신 스스로 불필요한 업무까지 맡으면 안 되고, 다른 사람에게 그 임무를 맡기도록 한다.

이렇듯 '협의 바람' 이라는 수단을 이용하면, 당신은 그 자리에서 바로 업무를 해결할 수 있다. 반대로 당신의 경쟁자는 과중한 업무에 눌려 어떤 것도 처리하지 못하는 상태에 놓이게 된다. 결국 스트레스를 받은 그가, 하는 일마다 실수를 저지를 것이다.

협의 시간을 결정하는 사람은 당연히 당신이다. 그러므로 어느 누구도 당신을 얕볼 수 없을 것이고, 당신은 긴장을 풀고 편안하게 업무를 진행하면서 사장에게도 돋보일 수 있다.

사무실에서

사무실이란 직장생활을 하는 사람들이 전투를 벌이는 장소이다. 좀더 좋은 자리를 차지하거나, 좀더 넓은 집무실을 얻으려 싸우고, 사무실 기기를 둘러싸고 싸우고, 좀더 일찍 승진하려고 싸우는 곳이다. 이러한 **사무실은 다양한 갈등과 대면하여 이익을 챙길 수 있는 장소이기도 하다.** 여기에서도 우리가 제시한 모빙 전략은 도움이 된다.

'집무실을 얻기 위한 싸움' 부터 이야기해보자. 당신은 회사에서 가장 어린 신참이기 때문에 자신의 사무실을 얻을 권리가 없다고 생각하는가? 무엇 때문에? 나이 문제를 무시하더라도 사무실의 공간을 나눌 때는 여러 가지 기준이 있다.

지금까지는 대체로 연령에 따른 원칙이 중심이었다. '먼저 들어온 사람이 주인이다' 라는 원칙 말이다. 하지만 당신이 가장 최근에 입사했다면, 이 원칙을 깡그리 잊어버리도록 하자. 반면 사무실에서 오래 근무한 당신이라면, 전통적인 규칙을 어기지 않도록 아랫사람들에게 주의를 준다. 기본 원칙을 무시하게 되면 사무실이 불안정해지고, 직원들 사이에 불화가 일어날 수 있다는 이유를 들면서 말이다.

사무실 공간을 나눌 때 적용하는 또다른 기준은 바로 능력이다. 능력 있는 당신은 자신에게 유리하도록 요구할 수 있다. 나는 간부니까 큰 집무실을 달라고 요구한다. 고객이나 물품공급자를 맞이할 경우, 그에 맞는 적절한 공간이 필요하다고 주장한다. 당신처럼 머리를 많이 써야 하는 사람에게는 조용하고 창조적인 공간이 반드시 필요한 것이다.

회사에서 당신의 요구를 수용하지 않을까봐 두려운가? 전혀 그렇지 않다. 만에 하나 문제가 발생하더라도 사무실의 크기 문제를 다른 사람에게 맡기지 말고, 이미 이 책에서 배운 기술을 사용해 해결하면 된다. 가령, 직원들 사이에 불신의 씨앗을 뿌리고(소문내기 : 외교적 전략), 다수의 선택을 방해하는 연대세력을 형성(다른 동료와 연대하는 전략)하거나, 몇몇 직원과 규합하여 다수집단을 약화시킨다(끌어안기 전략).

언젠가 이 문제가 사장의 귀에 들어갈 것이다. 이때 이것은 사장이 혼자 해결할 문제가 아니니, 직원들 사이에서 해결책을 찾는 것이 좋겠다는 주장을 밀고 나간다. 이렇게 하는 것이 협조적인 경영 스타일이라는 말도 잊지 않는다.

이 안건으로 회의가 열리면 당신은 우선 소극적인 태도를 취한다. 당신에게 의견을 물어오면, 다양한 가능성이 있다는 식으로 아주 애매한 대답을 한다. 동료들이 어떤 의견을 갖고 있는지 주의 깊게 듣고, 모든 사람이 옳다는 식으로 응답한다.

그러면 어떤 사람도 당신이 이기적이라고 생각하지 않을 것이다. 끊임없는 언쟁에 사장이 머리가 아프다는 식으로 나오면, 당신은 이 순간을 놓치지 말고 당신에게 유리한 결정이 나올 때까지 모든 논쟁과 비판을 꺾도록 한다. 마침내 이 문제로 더 이상 골치 썩고 싶지 않은 사장은, 당신이 원하는 대로 결정을 내려줄 것이다.

사무실 기기를 둘러싸고 일어나는 분쟁을 살펴보자. 사무실 공간과 관련해서 우리가 당신에게 한 충고는 여기에도 적용된다. 그러니까 사무실의 가구, 컴퓨터, 커피메이커, 회사의 자동차, 출장, 문구품 등, 당신의 지위를 상징해주는 물건들을 포기해서는 안 된다. 물품을 분배하는 원칙이 당신의 욕구에 맞게 이루어져야 한다. 이때 '게임규칙을 무시하고 바꾸는 전략'을 활용하면 될 것이다.

이제 사장 비서실을 살펴보자. 사실 이곳은 간부들에게 있어 아주 중요한 장소이다. 흔히 여비서는 작지만 중요한 결정을 내리는 사람이다. 그들은 사장과 면담해도 좋을 사람을 결정하고, 현재 무엇이 사장을 괴롭히는지 잘 안다. 이밖에 경우에 따라서는 독자적으로 결정하는 일도 많다.

어떻게 하면 여비서를 자기편으로 만들 수 있을까? 이 주제와 똑같은 비중으로 중요한 것은, 당신의 경쟁자가 비서실에 드나들 수 없도록 하는 문제이다. 이때 끌어안기 전략이나 몸을 이용하는 감성적 전략이 좋다.

우선 당신이 여비서의 호감을 사두어야 한다. 사실상 그녀가 당신보다 더 힘센 사람이다. 당신이 크고 중요한 일을 처리하는 동안, 비록 그녀가 서류나 만지작거렸다 해도 말이다. 때문에 당신은 여비서를 깎듯이 대해야 하고, 그녀 앞에서 절대로 거만을 떨어서는 안 된다. 처음 그녀가 당신에게 어떤 식으로 나오든, 언제나 당신은 친절하고 다정하게 행동한다.

얼마 간의 시간이 흐른 다음, 그녀에게 작은 선물을 전하는 것도 좋은 방법이다. 하지만 고액의 비싼 선물을 해서는 안 되며, 업무의 특성상 자존심이 강하고 콧대가 높은 그녀가 쉽게 넘어오지 않을 터이므로, 조심스럽게 전달해야 한다.

당신의 타고난 매력으로 여유 있게 여비서의 관심을 끌도록 해보자. 가령 커피타임이나 퇴근시간 바로 전에 담소를 나누는 것도 좋다. 그런 과정에서 여비서의 책상 위로 자연스레 몸을 굽히며, 미소를 짓고, 그녀가 매일같이 하는 일을 살짝 엿보는 것이다. 스트레스를 많이 받는 그녀를 위해 당신 특유의 유머 실력을 발휘하여 즐거움을 선사하자. 하지만 너무 오래 머물면 오히려 당신에게 마이너스가 되는데, 이들은 늘 당신의 업무 성적을 주시하고 있기 때문이다.

비서실에서 호의를 얻게 되면, 사실상 권력의 앞마당까지 진출한 것이나 다름없다. 절대로 이 절호의 기회를 다른 사람에게 넘겨서는 안 된다. 사장의 여비서보다 더 훌륭한 동지를 찾기란 거의 불가능하다!

조직의 팀워크에서

팀제로 일하기 전, 당신은 그것이 가져올 문제나 결과를 충분히 고려해야 할 것이다. 경우에 따라 팀제가 치명적인 조직이 될 수도 있다! 팀제로 일하면 항상 장점이 크고, 기본적으로 팀제가 가장 훌륭한 조직형태라는 일반적인 견해에 우리는 전혀 동의하지 않는다!

모빙을 잘하는 사람은 흔히 팀워크에 대하여 비판적이다. 이유는 다음과 같다.

1) 팀워크는 모빙을 하는 사람에게 이익이 돌아오지 않을 수 있고,
2) 모빙을 하는 사람의 성공이 지체될 수 있으며,
3) 팀원이 너무 많아서 모빙을 하는 사람에게 좋은 기회가 돌아오기 힘들고,
4) 팀을 통제하는 일이 간단하지 않기 때문에 고도의 모빙 전략을 통해야만 가능하고,
5) 팀원의 지적 수준이 너무 높을 경우 당신을 아웃시킬 수

도 있기 때문이다.

팀워크란 어떠한 희생을 치르더라도 합의를 통해 결정을 내리는 경향이 있다. 따라서 전체 의견에 반대하는 소수 의견은 팀으로부터 압력을 받게 된다. **동지애가 강하면 강할수록, 당신이 개인적이고 독자적인 성공을 가져다줄 기획을 추진하기 힘들 것이다.**

팀워크로 일할 경우 발생할 수 있는 난처한 문제를 다룬 영화가 있다. 이 영화에 보면, 팀을 길들여서 소기의 목적을 달성하는 일이 얼마나 힘든지 짐작할 수 있다.

1957년 시드니 루멧 감독의 영화『12인의 성난 사람들』은 아버지를 죽인 혐의로 기소된 라틴계 소년에 대한 유죄 평결 여부를 놓고 논쟁한다. 즉 12명 배심원들의 팽팽한 의견 대립과, 소년의 무죄를 추론해가는 과정을 논리정연하게 그린 법정 영화이다.

11명의 배심원이 소년의 유죄를 결정했으나, 단 한 명의 배심원만 소년의 유죄를 확신하지 못한 채, 사건의 정확한 조사를 요구하며 무죄에 표를 던졌다. 이미 과반수가 넘은 탓에 이 사건은 소년의 유죄쪽으로 기울었지만, 여기서부터 영화는 반전된다.

유일하게 소년이 무죄라고 주장한 배심원은 자신의 의견을 설명하고, 11명의 배심원은 이 한 명을 설득하려 한다. 하지만 이 남자는 끝까지 자신의 소신을 꺾지 않는다.

배심원은 또다시 투표에 들어간다. 이번에는 다른 한 사람이 무죄의 편에 가담하게 된다. 결국 이런 과정을 거쳐 영화가 거의 끝날 즈음, 12명의 배심원이 만장일치로 소년을 무죄라고 판정하게 된다.

아웃사이더(처음부터 소년을 무죄라고 주장한 배심원)는 끌어안기 전략, 다른 동료와 연대하는 전략, 주의를 다른 곳으로 돌리기 : 교란 전략 등을 동원하여 몇주 동안 힘겹게 다른 배심원들을 설득할 수 있었다. 처음부터 단독으로 결정하는 시스템이었더라면 일이 아주 간단했을 것이다.

팀워크는 이렇듯 자신의 이익을 실현시키기 위하여 집단적 기구가 반드시 필요할 때에만 의미가 있다. 그렇지 않다면, 우리가 영화에서 보았던 것처럼 팀워크는 금쪽 같은 시간을 낭비하고 신경만 곤두서게 할 뿐이다. 그러니 팀워크로 일할지, 아니면 혼자서 고군분투할지 충분히 고려하여 결정을 내려야 한다.

팀워크 제도가 유용할 때는 다음의 경우일 것이다.

1) 직업적으로 성공할 수 있는 길을 전문가들이 쉽게 보여줄 때, 즉 당신에게 좋은 아이디어가 없을 때

2) 고집 센 경쟁자를 여러 사람 앞에서 과소평가하거나 창피를 주려고 할 때

3) 당신 혼자서 난해한 문제를 해결하기 어려울 때

4) 뒤로 미루고 싶은 일이 있을 때

5) 당신이 싫어하는 사람에게 더이상 중요한 업무를 주지 않음으로써, 그가 당신의 활동영역을 방해하지 않도록 조치하고 싶을 때

진정 당신이 팀제로 일하고자 원한다면, 우리는 다음과 같은 충고를 전하고 싶다.

1) 어떤 목표를 달성하고자 하는지 처음부터 구체적으로 계획한다. 물론 기준은 당신이 기대하는 선으로 한다.

2) 당신이 팀 전체에 영향력을 행사한다. 허수아비들이 다수를 차지하도록 한다.

3) 시간을 낭비하지 않도록, 처음부터 어떤 프로젝트에 제한된 시간을 주도록 한다.

주의할 점은, 경영진에서 팀을 만들어 보내기 전에 당신이 먼저 부작용이 무엇인지 깊이 생각해야 한다. **그렇지 않으면 결국 당신이 바보가 되고 말 것이다.**

아~ 침대 안의 적!

긴긴 인생에서, 때로 교활하고 거리낌 없이 몸을 투입하여 우리에게서 이득을 취하려는 사람을 만나곤 한다. 당신 주변에도 틀림없이 이런 사람이 있을 것이다. 직접 폭력을 가하든, 미묘한 수를 쓰든 마찬가지다. 다만 그가 벼랑 끝으로 몰고 가 우리를 교묘하게 실패자로 만들어버릴 궁리에 빠져 있다는 점을 간파하는 것이 중요하다. 당신은 지금 무슨 말을 하고 있는지 이해하기 어려울지도 모르겠다.

만약 당신이 성공한 경영자나, 여성 경영인이 되었다고 상상해보라. 당신 위로 회장 외에는 아무도 없다. 당신은 외모가 출중할 뿐 아니라, 패션 감각도 뛰어나고, 온갖 모빙 전략을 능숙하게 다룰 줄 안다. 모빙 전략을 잘 다루지 못했다면, 당신이 그렇게 높은 자리에 앉을 수 없었을 것이다.

당신은 이제 자신을 방해할 것이라곤 그 무엇도 없다고 단단히 자만하고 있을지 모른다. **아무리 성공한 사람이어도, 또 아무리 뛰어난 모빙의 대가이어도, 도처에 위험 요소가 도사리고 있으니 조심하지 않으면 안 된다.**

도대체 무엇이 그렇게 위험한가? 온갖 모빙 전략을 낱낱이 꿰고 있는 대가에게 치명적인 해를 입힐 수 있다니, 도무지 무슨 소리인가? 대답은 간단하다. 그것은 바로 교활하게도 몸을 이용하는 전략으로 우리를 끝장내려는 사람들이 있다는 것이다. 세상에! 어떻게 그럴 수가?

회사에는 당신을 밀어내고자 하는 경쟁자들이 우글거린다. 물론 이들이 합법적인 방법으로 그렇게 할 수는 없다. 매우 공격적인 사람들은 비열한 전략, 그러니까 당신을 성적으로 유혹하거나, 신체를 괴롭히는 전략을 이용할 것이다.

성적으로 유혹하는 방법은, 당신이 거부하기 어려운 치명적 미끼를 제공함으로써, 경쟁자가 당신의 지위와 전략들을 뺏고자 하는 세련된 전술이다. **만약 경쟁자가 당신이 지금껏 해왔던 계획이나, 성공을 거두었던 모빙 전략을 눈치채고 있다면, 그가 당신을 무너뜨리는 일은 식은 죽 먹기일 것이다.** 상대의 전술을 간파한다면, 까다로운 임무도 쉽게 해결할 수 있는 법이다.

오해를 피하기 위해 한마디 덧붙이자면, 남자도 여자와 마찬가지로 사악한 행동을 곧잘 한다는 것이다. 시간이 갈수록 높은 지위에 오른 여성이 모빙을 많이 당하는 요즘, 남자 직원이 여자 상사를 성적으로 유혹하는 경우도 드물지 않다. 사실 많은 남자들이 어떤 여자라도 유혹할 수 있다는 자신감을 가지고 있다.

성적인 공격은 주로 다음과 같은 목적에서 행해진다.

🏃 여자 경쟁자 혹은 남자 경쟁자가 언젠가 당신을 밀어내기

위해 당신과 육체적 관계를 맺는다.

🏃 당신의 적이 일종의 트로이 목마를 당신의 침대로 들여보 낸다. 물론 당신이 거절할 수 없는 여자(남자)의 모습을 한 목마이다. 이 스파이가 당신의 삶을 온통 파헤치고, 이를 당신의 경쟁자에게 보고한다.

이것은 '여성 연구'로부터 나온 결과지만, 사실 **잠자리를 함께하고 나면 이것을 빌미로 얼마든지 상대를 괴롭힐 수 있 다.** 이 심각한 덫에 걸리지 않으려면, 상대가 다음과 같은 다 양한 방향으로 당신에게 접근할 수 있음을 이해해야 한다.

1) 전략적인 연애 : 열정적인 정사를 갖되, 오르가슴에 이르 지는 않는다.

2) 전략적인 성적 암시 : 이메일이나 문자 메시지와 같은 수 단을 이용한다.

3) 전략적인 신체 접촉 : 회식이나 출장길에서 우연처럼 가 장하여 스킨십을 한다.

4) 전략적인 아부 : 당신의 외모나 탁월한 아이디어, 멋진 자 동차를 틈만 나면 칭찬한다.

5) 전략적인 외모 : 짧은 치마, 가슴이 드러나는 옷, 세련된 의복, 멋진 몸매.

공격이 있을 때 당신이 어떤 식으로 대응해야 할지는 상황에 따라 달라진다. 즉, 당신의 기분이나 애정만족도, 관심사 등에 따라 변화하는 것이다. 이때 상대의 성적인 관심이 진지한 것인지 음흉한 것인지 구별하기란 상당히 어렵다. 하지만 에로틱의 근원이 무엇인지 이해한다면, 당신이 적절하게 반응할 수 있으며, 절대로 적의 무기에 쓰러지지 않을 것이다.

만약 직장에서 성적인 제안을 받게 되면 어떠한 경우에도 균형감각을 놓쳐서는 안 된다. 최대한 자제하고 객관적인 시각을 잃지 말아야 하며, 힘이 들겠지만 보다 넓은 시야로 사태를 관찰하는 것이 좋다.

흔히 사람들이 흥분상태에 몰입하면 전략적으로 약자의 입장에 빠지기 쉽다. 이런 상황에서 당신을 지킬 수 있는 유일한 무기는 냉철한 이성뿐이다!

성적인 모험을 도저히 거부할 수 없다면, 신에게 죄송하지만, 차라리 이를 소진해버린다. 하지만 성욕의 대상에게 당신의 감정이나 계획, 직장내 문제에 대하여는 일절 말하지 않는다. 어떠한 경우에도 당신의 무기, 즉 성공을 가져다주는 모빙 전략을 발설해서는 안 된다. 성공적인 모빙이 드러나는 즉시 벼랑 아래로 곤두박질치는 건 시간 문제이다.

많은 사람들이 이렇게 물을 것이다. 모빙에 탁월한 사람이라면 당연히 성적인 무기도 사용하지 않겠느냐고 말이다. 반드시 그렇지는 않다. 다만, 자신감이 부족한 사람이 이런 호르몬 무기를 투입할 따름이다. 외롭고, 재치가 없고, 돈은 급히 필요하고, 모빙에 대해 아는 게 전혀 없는 사람들이 주로 이 전략을 사용한다.

훌륭하게 모빙을 해내는 사람들 대부분 도덕적인 이유로 이와 같은 전략을 거부한다. 비록 성적인 유혹과 몇몇 모빙 전략을 뚜렷이 구분하기 힘든 점도 있지만, **모빙의 대가들은 보다 지적이고 창조적인 방법을 선호한다.**

그런데 몸을 이용한 감성적 전략이나 끌어안기 전략을 주로 이용하는 사람들이, 성적으로 유혹하는 방법까지 들이댄다면 상당히 위험할 수는 있겠다.

거울아, 거울아 ……

누가 세상에서 가장 위대하니?

당신은 직장과 사회에서 매우 중요한 인물로 성공한 부류에 속한다. 많은 이들이 당신을 잘 알고 있으며, 당신 역시 언제까지 특별한 사람으로 살고 싶다. 하지만 유명인의 마니아들과 게으름뱅이들이 당신 주위를 맴돌면서 호시탐탐 모빙할 기회만 엿보고 있으니 주의하지 않으면 안 된다.

영향력이 큰 언론인과 늘 접촉하여 친분을 유지하고, 이들에게 경쟁자의 비밀을 누설하며(소문내기 : 외교적 전략), 크든 작든 사람들의 애정에 보답하는 일에 인색하게 굴어서는 안 된다(끌어안기 전략). 끊임없이 미디어에 등장해야 저명인사로서의 입지를 굳힐 수 있다.

당신이 이미 저명인사의 대열에 끼어 있다면, 정기적으로 손님들을 집으로 초대하되 당신의 경쟁자는 제외시킨다. 당신의 이름이 더욱 빛나도록 가능한 많은 유명인을 초청해야 한다. 이 자리에서 당신은 마치 영화감독처럼 행동해야 하는데, 한마디로 지루하고 변화 없는 일상에 즐거움을 선사하는 역할을 맡아야 하는 것이다. **사회 저명인사와 찍은 사진이 당신의 권위를 더욱 높여줄 것이며, 필요에 따라서는 시장가치도 높여줄 것이다.** 이 화려한 파티에 가끔씩 여성 경영자도 끌어들인다.

또 중요한 모임에는 반드시 참석해야 한다. 그때 손님 가운데 가장 중요한 손님이 되어야 하며, 어떤 경우에도 당신의 경쟁자보다 더 나은 대우를 받아야 한다. 이런 대접을 받지 못할 것 같으면 차라리 다른 사람을 대신 보낸다. 참석하지 않음으로써 더욱 빛날 수도 있는 것이다. 그후 당신은 사무실에서 상황을 보고받으면 된다.

예기치 않게 라이벌을 만나 외면할 수 없는 상황이 되면 어쩔 수 없이 당신은 그와 대화를 나누어야 한다. 이때 당신이 초대받은 중요한 모임에 그도 초대받았는지 물어본다. 만약 그가 초대받지 못했다고 하면, 은근히 비웃는 표정을 짓는 것이다. 당신은 가까스로 치욕을 참아내는 상대의 표정을 즐기면 된다.

경우에 따라 **사소한 스캔들을 이야기함으로써 당신의 지위가 더욱 돋보이게 할 수 있다.** 저명인사들 사이에서 이런 일은 자연스럽게 받아들이고 용서하는 분위기이다. 이들 대부분이 그와 같은 속임수를 한번쯤 사용했을 것이다. 보리스 베커, 인기배우 베로나 펠트부쉬와 하이너 라우터바흐, 슈테파니 폰 모나코 공주, 루돌프 샤핑 장관 등등……

그리고 외모에 특히 신경을 써야 한다. 당신의 신분을 상징해주는 물건에 돈을 투자하라. 보석, 시계, 빌라, 디자이너의 옷, 고급 자동차와 헬리콥터, 요트도 능력만 되면 마련하는 것이 좋다. 약간의 사치는 반드시 필요하다. 반드시!

또한 자선행사에 금일봉을 기부해서 당신이 자비롭고 따뜻한 마음의 소유자로 보이는 것도 중요하다. 정당에도 한번쯤 크게 기부한다. 물론 기부금 영수증은 받지 않는다.

무엇보다 당신의 어떤 점을 사람들에게 부각시키고 싶은지 결정해야 한다. 부, 권력, 지위, 지성, 아름다움, 혹은 스캔들 등에서 하나를 선택해야 한다. 일단 선택한 다음에는 바꾸지 말고 계속하여 그점을 최대한 홍보한다. 이제 당신은 머지않아 상류층 중에서도 상류층에 합류하게 되고, 여기저기서 사람들이 서로 당신을 데려가려고 초대할 것이다! 돈 문제는 걱정할 필요가 없다. 은행 간부역시 이미 당신의 친구가 되었을 테니 말이다.

아무도 당신을 능가하려 하거나 간계를 부릴 엄두조차 내지 않을 것이다. 그야말로 당신은 안전지대에 들어와 있다.

인생을 보다 편안하고 행복하게 살고 싶지 않은가? 그렇다면 지금 당장 모빙을 시작하라! 이 책을 읽은 당신은 모빙의 이론은 물론 실습까지 모든 것을 완벽하게 배웠다. 지금 바로 책을 덮고, 모빙이 판을 치는 바깥세상으로 나아가 시험해보자.

지금껏 자신이 늘 모빙의 희생자였기 때문에 그럴 수 없다고 핑계를 대지 말라. 모빙의 희생자란 없다! 다만 구구한 변명과 형편없는 모빙을 행하는 사람이 있을 뿐이다.

성공적으로 모빙하는 법을 제대로 알고 있는 당신, 이제 적극적으로 행동해야 한다. 무엇을 더 망설이는가?

모빙의 세계적 대가 10걸

당신은 이제 모빙에 대한 모든 것을 배웠다. 가능하면 당신이 모빙 전략을 모두 실천하여 하루빨리 성공가도에 들어설 수 있기를 바란다. 마지막으로 '모빙의 세계적 대가 10걸'을 소개하겠다.

1위 여왕 엘리자베스 2세

엘리자베스 여왕은 제왕적 전략을 그야말로 완벽하게 구사했다. 윈저가의 사람들은 그녀에게 철저히 모빙당했다. 대표적인 예로 다이애나 황태자비가 왕가에서 쫓겨난 사실을 들 수 있다. 또한 여왕은 찰스 황태자의 새로운 여자친구 카밀라 파커 볼스(1972년부터 찰스의 여자친구로 지내왔다)에게도 다이애나에게 그랬던 것처럼 굴욕감을 안겨주고 있다. 그녀는 윈저 왕가에 카밀라를 절대로 들여놓지 않을 것이다.

아직까지도 찰스 황태자에게 왕관을 물려주지 않고 있으니 무슨 말이 더 필요하랴. 정말 완벽한 모빙이 아닐 수 없다. 당연히 그녀에게 1위의 자리를 내주어야 마땅하다.

2위 다고베르트 덕

월트디즈니의 이 귀여운 만화 캐릭터는 금화를 차곡차곡 금고에 쌓아둔다. 그리고는 매일 흐뭇한 미소로 금고를 바라본다. 거지와 식객들이 그의 돈을 훔쳐가려 하지만 매번 실패하고 만다.

하나밖에 없는 조카 도널드는 그에게 모빙을 가장 많이 당하는 대상이다. 도널드는 삼촌을 도와 지속적으로 돈을 벌게 해주었지만, 그는 아무런 소득이 없다. 도널드는 영원한 실패자이며 늘 불운하다. 항상 그는 공짜로 일해주고 바보처럼 이용만 당하는 것이다.

그렇다! 다고베르트는 자신의 가족에게도 모빙을 서슴지 않는 엘리자베스 여왕처럼 완벽하게 모빙할 줄 안다. 도시의 반쪽이 그의 소유이지만, 조카 도널드는 집 한칸이 없다.

3위 헤럴드 슈미트*

인기 최고의 아나운서인 그는 금기를 깨고 국가에 크게 봉사한 사람이다. 일요일 밤 토크쇼를 진행하면서 한번은 책임감으로, 또 한번은 신념 있게 모빙함으로써, 일요일 아침 목사님의 설교보다 더 큰 성과를 얻어냈다. 그는 과소평가 전략을 재주껏 구사하여 대중의 마음을 마음껏 주물렀다. 또한 유머와 냉소주의로 무장하고 대중매체의 영향력에 기대어, 결국 사회적 평화에 기여했다.

헤럴드 슈미트는 모빙을 가할 때 상대의 사회적 지위를 따지지 않는다. 교사나 여성 같은 소수자 그룹은 물론 세계적으로 저명한 인사들마저 모빙대상으로 삼는다. 실례를 살펴보자.

교사 : "헤센 주의 교사들이 파업을 하고 있습니다. 원래 열심히 일한 사람만 스트라이크를 할 수 있는 법인데, 참 이상하죠."

여성 : "머리카락을 구부리는 거(파마)야말로 여자들이 완벽하게 할 수 있는 스포츠죠! 충분히 굽혀야 하고, 물통과 솔이라는 기구도 필요하니 말입니다."

유명인사 : "클린턴 대통령은 수백 명의 여자들과 동침했습니다. 수백 명의 여자와 말입니다. 그렇다면, 성공을 꿈꾸는 여자도 그 정도의 남자들과 동침해야 합니까?"

보다 참신한 모빙 능력을 개발하고 싶으면, 가끔씩 TV을 보는 것도 괜찮을 것이다.

★ Harald Schmidt : 1980년대 후반부터 독일 시청자들에게 가장 인기 있는 TV 토크쇼 진행자이다. 직접 프로그램을 제작하기도 한다.

4위 게르하르트 슈뢰더

책의 저자인 우리는 현재 독일에서 활동하는 모빙의 대가, 슈뢰더 총리에게 경의를 표하는 바이다. 특히 목적의식을 가지고 꾸준히 모빙했다는 점에서 더욱 그러하다.

끌어안기 전략의 대가인 슈뢰더는 정계에서 성공적 모빙의 상징이기도 하다. 니더작센 주 출신인 그는 자신의 성공스토리에서 모빙으로 인해 권력의 최고점까지 올라갈 수 있었음을 증명하였다.

다방면에서 모빙에 정통한 총리는 공적 생활과 사생활에서 자신이 감당하기 힘든 경쟁자들을 한 명씩 제거해 나갔다. 특히 그가 집권했던 지난 몇년 동안 연방내각은 모빙의 희생양이 되었는데, 수많은 장관들이 경질되었던 것이다(8명에 이른다. 그 가운데 오스카 라폰테인 전 재정부 장관과 루돌프 샤핑 전 국방부 장관도 포함된다). 또한 네번이나 결혼한 경력에서 보듯, 그는 사생활에서도 모빙을 많이 했음을 짐작할 수 있다.

그의 삶을 들여다보면, 그가 모든 일을 얼마나 조용하게 처리했는지 감탄스러울 따름이다. 어떤 사건도 오래 끌지 않으면서 큰 마찰음 없이 진행시켰다. 그야말로 완벽한 모빙이 아닌가!

5위 대부, 마이클 콜레오네

이 사람은 미국영화에 등장하는 컬트적 인물로, 마피아의 두목이다. 그는 경쟁자들에게 모빙이라는 권총을 들이대었다. 마이클 콜레오네는 우리가 일상에서 쓸 수 있는 전략을 통해, 자신의 '조직'에게 어마어마한 부를 안겨주었다. 모범 사례로 삼으면 좋을 정도로 천재적인 모빙을 한 사람이다. 특히 심리적 테러에 능했으며, 가족으로 인해 자신의 위치가 위태롭게 되면, 가족을 희생시킬 정도로 냉혹하고 철저했다.

6위 알리스 슈바르처

여성운동의 개척자인 그녀는 모빙을 배우려는 사람들에게 우상이 되고 있다. 그녀는 라이벌 무시하기 : 과소평가 전략을 이용해서 인구의 절반을 — 남자들 — 성공적으로 모빙했고, 또 여자들이 그렇게 하도록 가르쳤다. 오늘날 독일 남자 중에서 어느 누가 자신은 남성우월주의자라고 감히 밝힐 수 있겠는가? 또한 여자들이 부엌에서 일하는 동안, 편안하게 소파에 누워 맥주를 마시며 축구 중계를 볼 수 있는 간 큰 남자가 어디 있겠는가?

남성의 전용구역이었던 정치계도 이제는 여성의 요구를 무시할 수 없게 되었다. 다음번 선거에서 당선되려면, 국회의원은 잠시 펜대를 내려놓고 여성들의 주장에 고개를 끄덕여야 한다.

스포츠에서도 마찬가지다. 여성 카레이서도 있고, 여자 축구팀도 있으며, 여자 복싱선수까지 등장했다. 물론 관객들 대부분은 빙긋 미소를 지으며 이들을 바라보지만, 머지않아 그럴 수 없는 날이 오리라는 것을 잘 알고 있다.

7위   바그너 일가

위대한 작곡가 리하르트 바그너의 후손들은 서로 다투기도 잘하지만, 모빙 기술도 연극하듯이 아주 훌륭히 발휘한다.

아돌프 히틀러를 추종했던 비니프레드 바그너에게는 두 명의 아들, 즉 빌란트와 볼프강이 있었다. 2차세계대전이 끝난 뒤, 큰아들 빌란트는 우선 자신의 어머니를 철저하게 고립시킴으로써 그녀를 모빙했다. 그런 다음, 형제는 서로가 서로에게 모빙을 가했다.

빌란트가 사망한 뒤, 볼프강은 바이로이트에서 개최되는 바그너 축제의 진행권을 독점하기 위해 형의 자녀, 즉 조카들을 모빙했고, 첫부인 엘렌과 그의 자녀들까지 모빙했다. 여든이 넘은 볼프강은 온갖 수단을 발휘하며 아직도 바이로이트를 손에서 놓지 않고 있다.

볼프강 바그너 씨, 우리는 당신에게는 아무 것도 드릴 정보가 없군요. 다만 한 가지 말씀드리고 싶은 것이 있지요. 모빙의 대가는 자신이 자리에서 물러나야 할 때를 안다는 것입니다!

8위   오노 요꼬

그녀는 존 레논의 마음을 빼앗은 다음, 나쁜 소문을 퍼뜨리며 비틀즈를 해체시켰다. 당시 목격자들의 말을 그대로 믿는다면, 4명의 비틀즈 멤버를 이간질할 때 그녀가 사용했던 전략은 소문내기 : 외교적 전략이었다. 그후 요꼬는 존 레논마저 모빙했다. 어떻게? 존 레논이 살아 있을 때 그녀는 수십억 달러를 직접 관리했으며, 매일 다른 남자를 뉴욕에 있는 그들의 집으로 불러들였다.

9위 에미넴

마샬 매더스, 슬림 셰디, 에미넴이라고 불리는 그는 디트로이트 출신의 선동적인 랩 가수이다. 그는 내놓는 음반마다 이혼한 부인 킴에 대한 욕설을 넣고, 심지어 죽이겠다는 표현까지 서슴지 않는다. 무대 위에 서면 톱으로 무대 한켠을 자르는 행위를 일삼고, 자신을 간섭하는 모든 사람에게 거칠고 상스러운 언어로 복수한다.

전현직 미국 부통령인 앨 고어와 딕 체니의 부인도 그런 말을 들었다고 한다. 그는 이들에게 "Fuck you"라고 욕했는데, 이 부인들이 랩 공연을 파기하고자 했다는 이유에서였다. 에미넴의 어머니조차 아들에게 모욕당했다는 이유로 1천만 달러의 손해배상을 청구했다고 한다. 참으로 재미난 모빙이 벌어지는 '가족연극' 같은 무대가 아닐 수 없다.

10위 토마스 고트샬크

유명한 쇼 진행자인 토마스 고트샬크는 수년 동안 독일사람들에게 소니보이(Sonnyboy)였다. 그는 50대 이상의 여자들이 가장 좋아하는 연예인이었다. 그중에서도 미국의 대중문화를 흉내내면서 살아가는 팬들이 특히 좋아했다. 하지만 이 쇼 진행자는 지난 수년 동안 남녀를 불문하고 직장동료를 수없이 모빙했다.

가장 널리 알려진 사건을 이야기해보자. 몇년 전 그는 토요일 저녁마다 〈내기합시다〉라는 프로그램을 진행하던 중, 쇼가 재미없다는 이유로 국영방송인 ZDF - TV에서 민영방송으로 옮겨버렸다. 하지만 머지않아 자신의 결정이 실수였음을 깨달았고, 그는 다시 ZDF로 돌아왔다.

그가 다시 돌아왔을 때, 자신이 진행하던 프로그램 〈내기합시다〉는 이미 동독 출신의 볼프강이 재치있게 진행하고 있었다. 고트샬크는 막 인기를 얻고 있는 동료 볼프강을 모빙하기 시작했고, 끝내 방송국에서는 고트샬크의 손을 들어주었다.

볼프강 리페르트는 물러날 수밖에 없었다. 미디어에서는 연일 리페르트의 빚이 수백만 마르크에 이른다고 떠들었지만, 우리는 여기에 별관심이 없다. 오로지 승자만 우리의 관심을 끌 뿐이다.

특별순위 바이에른 뮌헨 축구팀

축구팀이 모빙 퍼레이드를 벌인 사례로는 바이에른 뮌헨 축구팀을 들 수 있다. 프란츠 베켄바우어, 울리 회네스, 토마스 스트룬츠, 슈테판 에펜베르크, 마리오 바슬러가 그 주인공들이다. 이들은 모두 바이에른 팀에서 활약할 당시 훌륭한 전략가들이었다.

독일의 축구 영웅 로타르 마테우스 역시 축구팀 전속 의사의 딸인 여자친구에게 차일 때까지 자신의 모빙 기량을 마음껏 발휘했다. 바이에른 뮌헨 축구팀은 한마디로 모빙의 모든 것을 보여주었다. 결혼 모빙에서 시작하여, 선수들이 트레이너에게, 다시 트레이너가 선수들에게 심리적 테러를 가했다.

심지어 이런 일도 있었다. 슈테판 에펜베르크에게 새로운 애인이 생겼다. 그러자 팀의 동료인 스트룬츠는 혼자 외롭게 집을 지켜야 했다. 그의 아내가 에펜베르크의 무릎에 안겨 있었던 것이다.

바이에른 뮌헨 축구팀에서 개최하는 크리스마스파티 역시 위험천만한 곳이다. 이곳에서 축구황제 베켄바우어의 부인은 남편을 축구팀의 여비서에게 빼앗겼고, 그 여비서는 베켄바우어의 아이들과 새로운 애인에게 모빙을 가했다.

이렇듯 이 축구팀은 온갖 모빙으로 가득한 곳이다. 이탈리아 출신의 트레이너 지오반니 트라파토니를 기억해보자. 어찌나 바이에른의 명사수들이 그에게 테러를 가했던지, 그는 기자회견장에 나와 이렇게 외치지 않았던가.

"저는 더이상 견딜 수 없습니다!"

결국 그는 자신의 고향인 이탈리아로 돌아가버렸다.

바이에른 뮌헨 축구팀에서는 갖은 형태의 모빙이 행해졌고, 덕분에 분데스리가에서 계속 1등자리를 유지할 수 있었다. 그것도 기록에 남을 정도로 오래……. 그래서 우리는 이 팀에게 '특별 순위'를 부여하는 것이 자연스런 귀결이라고 생각한다.

모빙 테스트 A

「모빙 테스트 A」는 지금까지 이 책에서 배운 모빙 전략을 바탕으로, 당신에게 가해지는 모빙을 일찌감치 알아채고, 이에 적극 대응할 수 있도록 도와준다. 오래 생각하거나 다른 사람에게 묻지 말고, 즉석에서 바로 답하도록 한다.

질문

	내 용	예	아니오
1	팀의 단결력이 느슨해졌다.		
2	기대하지도 않았는데, 당신에게 대단한 것을 약속해주는 새로운 친구가 나타났다.		
3	이 새로운 친구가 갑자기 팀의 핵심인물로 부상했다.		
4	인기 있던 팀원이 밀려났다.		
5	새로운 친구가 당신을 밀어내고 먼저 승진하려는 기미가 느껴진다.		

6	승진하는 과정이 한없이 길게만 느껴진다.		
7	예전에 비해 정보 얻기 힘들어졌다.		
8	부하직원이 전보다 충성심을 덜 보이는 것 같다.		
9	당신의 배후에서 어떤 일이 꾸며지는 것 같다.		
10	무시를 당한다고 느낀다.		
11	당신이 전혀 관여할 일이 아닌 곳의 책임을 맡게 되었다.		
12	다른 사람을 위해 책임을 떠맡아야 한다.		
13	동료가 한 일에 대하여 자신이 집중비난을 받은 적이 있다.		
14	당신은 언제나 공격하는 대신 방어해야만 한다.		
15	동료가 자신의 책임을 모면하기 위해 당신을 걸어 넘어진다고 생각된다.		
16	당신의 등뒤에서 수군대는 소리가 들린다.		
17	누군가 당신을 관찰하고 있는 것 같다.		
18	당신만 나타나면 모여 있던 팀원들이 흩어진다.		
19	거절을 당한다.		
20	모두 당신을 회피한다.		
21	팀원 전체가 당신을 거부한다는 인상을 받는다.		
22	당신을 반대하는 목소리가 있다.		
23	누군가 당신을 경쟁자로 여긴다.		

24	당신의 능력이 비판을 당한다.		
25	당신이 환영받지 못한다.		
26	갑자기 모든 것이 달라졌다.		
27	당신이 일의 전모를 파악할 수 없게 되었다.		
28	당신이 확신할 수 있는 것이 무엇인지 더이상 알 수 없다.		
29	모든 것이 변화한다.		
30	세상은 마치 당신을 몰아내기 위해 뭉친 것 같다.		
31	끊임없이 사소한 말다툼을 하게 된다.		
32	일상이 당신을 파김치로 만든다.		
33	단 한시도 마음 편하게 쉴 수가 없다.		
34	당신은 늘 악의와 싸워야 한다.		
35	당신의 가슴은 폭발하기 일보직전이다.		
36	누군가 갑자기 눈에 띄도록 당신에게 친절하게 군다.		
37	이 사람이 당신을 이해하고 존중해준다고 느낀다.		
38	동료들이 당신을 부러워하고, 당신이 매력 있다고 생각한다.		
39	특별히 어떤 사람과 자주 마주친다.		
40	이 사람에게 당신은 평균 이상으로 많은 비밀을 이야기할 수 있다.		
41	당신이 어느 누구보다 훨씬 능력 있다고 느낀다.		

42	당신의 충고와 도움이 어떤 사람에게는 매우 소중하다.		
43	당신은 약자를 기꺼이 돕는다.		
44	자신이 원하는 것보다 더 자주 타인을 돕게 된다.		
45	남들이 감탄하면 기분이 좋아진다.		
46	자존심이 흔들린다.		
47	앞으로 나아가지 못한다는 느낌이 든다.		
48	약점을 들킨 것 같다.		
49	다른 사람들의 웃음거리가 된다고 느껴진다.		
50	다른 사람들이 당신의 능력을 의심하는 것 같다.		

평가

위 50문항에 모두 체크했다면, 아래의 표를 참조하여 당신이 걸려든 전략을 파악하라. 당신에게 모빙을 가하는 상대의 전략을 알아냈으니, 이제 당신이 작전의 칼날을 세워야 할 때다. 이 책이 친절하게 도와줄 것이다.

만약 50문항 전체에 '예'라는 대답이 골고루 퍼져 있다면, 특별히 주의해야 한다. 당신은 현재 모빙의 고수에게 걸려든 것이 분명하다. 이 책을 좀더 열심히 읽을 것을 권한다.

당신이 걸려든 전략

질문	1 ~ 5	끌어안기 전략
질문	6 ~ 10	라이벌의 충성심에 상처내기 전략
질문	11 ~ 15	주의를 다른곳으로 돌리기 : 교란전략
질문	16 ~ 20	소문내기 : 외교적 전략
질문	21 ~ 25	다른 동료와 연대하는 전략
질문	26 ~ 30	게임규칙을 무시하고 바꾸는 전략
질문	31 ~ 35	심리적 테러 전략
질문	36 ~ 40	몸을 이용한 감성적 전략
질문	41 ~ 45	자세 낮추기 전략
질문	46 ~ 50	라이벌 무시하기 : 과소평가 전략

Mobbing Test

모빙 테스트 B

　　「모빙 테스트 B」는 당신의 모빙 능력이 어느 정도인지 체크해준다. 여기에 제시된 질문도 깊이 생각하지 말고 즉석에서 바로 답하도록 하자.

질문

	내 용	예	아니오
1	자신이 늘 행복하다고 생각한다.		
2	대체로 컨디션이 아주 좋다.		
3	정서적으로 안정되어 있다.		
4	애정전선은 환상적이다. 잘 진행되고 있다.		
5	어디를 가더라도 당신이 대장이다.		
6	경제상태가 매우 양호하다.		
7	당신의 집 인테리어는 개성이 있으면서도 우아하다.		

8	고급 차를 타고 있다.		
9	현재의 직업에 매우 만족한다.		
10	여행을 가면 언제나 당신의 자리가 준비되어 있다.		
11	호텔 매니저가 당신의 아침을 직접 챙겨준다.		
12	뷔페를 먹을 경우 줄 설 필요가 없다.		
13	어떤 술자리에서도 당신은 주인공이 된다.		
14	각종 모임에서 규칙을 정하는 사람이 당신이다.		
15	눈치 없는 자가 당신의 영역을 침범하면 가차없이 제거한다.		
16	자신에게 환상적인 미래가 펼쳐져 있다고 생각한다.		
17	여름휴가에 캘리포니아로 윈드서핑을 가면, 지역 서퍼들의 텃세가 전혀 두렵지 않다.		
18	대장인 당신은 귀찮고 하기 싫은 일을 다른 사람에게 시킨다.		
19	값싸고 좋은 제품을 언제나 제일 먼저 구입한다.		
20	학교에서 선생님이 당신에게 꼼짝 못한다.		
21	아무리 대대적인 바겐세일이어도 당신이 군중 속에 섞일 필요는 없다.		
22	부모가 일찌감치 유산을 물려주었다.		
23	휴식을 취하고자 할 때 방해물이 전혀 없다.		
24	신호등이 없는 건널목을 건널 때 차들이 모두 정지한다.		

Mobbing Test

25	계산대에서 다른 사람보다 먼저 계산할 수 있다.		
26	1차선을 마음 놓고 달린다.		
27	집으로 돌아와 배우자를 만나면 기쁘다.		
28	현재 아무런 괴로움이 없다고 느낀다.		
29	당신의 배우자는 멋진 사람이다.		
30	자녀에게 당신은 모빙의 본보기이다.		
31	아이와 함께 놀면서 모빙 전략을 가르친다.		
32	아이는 당신이 부모인 것을 자랑스러워 하고, 당신 또한 아이를 친구나 이웃에 자랑하기에 충분하다고 생각한다.		
33	당신의 아이는 학교에서 선생님의 사랑을 듬뿍 받는다.		
34	중·고등학교에 진학한 당신의 아이가 학급에서 늘 대장노릇을 한다.		
35	골프를 즐긴다.		
36	골프실력이 좀 부족하지만 그다지 심각한 것은 아니다.		
37	이제 성공을 위해 뼈빠지게 일할 필요가 없다.		
38	크리스마스 때는 최고의 선물을 받는다.		
39	친구들이 당신 앞에서 납작 엎드린다.		
40	골치 아픈 일은 항상 다른 사람에게 넘겨버린다.		
41	회사에서 소기의 목적을 달성하기 위해 구내식당의 식사 시간을 적극적으로 활용한다.		

42	정규적으로 별장이나 콘도에 머문다.		
43	동료들이 당신을 돕는다.		
44	언제나 동료들이 당신에게 우호적이다.		
45	회사 야유회에서 당신은 멋쟁이라는 인상을 준다.		
46	분위기를 봐가면서, 당신은 한턱 푸짐하게 쏘는 기분파이기도 하다.		
47	무슨 일이든 당신이 주도권을 잡는다.		
48	출장에 대한 전체적인 결정을 당신이 직접 내린다.		
49	당신이 가진 특권을 최대한 이용한다.		
50	차림새에서 품격의 차이가 드러나게 한다.		
51	노트북은 업무상 가장 중요한 수단이다.		
52	이메일을 중요한 전략적 수단으로 이용한다.		
53	다른 사람보다 한발 앞서 정보와 지식을 얻는다.		
54	직원들과 대화함으로써 지도자적인 위치를 분명하게 다진다.		
55	사람들이 자만심에 빠져 있을 때 공격한다.		
56	목표의식을 잃지 않는다.		
57	회의시간을 이용하여 연대할 동료를 찾는다.		
58	동료들이 당신의 경쟁자를 모빙하도록 유도한다.		
59	권위를 잃지 않도록 노력한다.		

60	다른 사람이 한 약속을 지키라고 따진다.		
61	기꺼이 권력을 과시한다.		
62	경쟁자에게 결정권과 책임을 적게 준다.		
63	가능하면 모든 결정을 직접 내린다.		
64	품격 있는 사무실에서 일한다.		
65	회사에서 지급해준 최고급 승용차를 탄다.		
66	부하직원과 동료들이 당신을 위해서라면 불 속이라도 뛰어드는 시늉을 한다.		
67	팀워크를 결정하기 전, 그것의 장단점을 충분히 따진다.		
68	팀원들이 당신에게 정보를 제공해준다.		
69	어떤 팀이든 당신의 의도에 따라 조직한다.		
70	본인이 원치 않으면, 성적 유혹에 절대 넘어가지 않는다.		
71	자신의 속마음을 내보이지 않는다.		
72	이성과의 동침과 비즈니스가 분명히 다르다는 점을 확실히 알고 있다.		
73	당신은 어디서든 VIP다.		
74	고위층의 모임에는 반드시 참석한다.		
75	모두들 당신과 가까워지고 싶어한다.		
76	어릴 적 당신의 꿈은 모두 이루어졌다.		
77	당신이 이 책을 읽기 전 이미 내용을 알고 있었다.		

78	당신 혼자 이 책의 정보와 지식을 간직하기 위해, 다른 사람에게 이 책을 소개하지 않겠다.		
79	당신은 제 2의 빌 게이츠가 될 것이다.		
80	전경련 회장이나 대통령이 되겠다는 희망이 있다.		

평가

'예'라고 체크한 질문에 1점씩 주고 그것을 모두 더한다. 이 점수가 바로 당신의 모빙 실력이다. 최대 80점까지 나온다.

0 ~ 30 점

한마디로 모빙 능력이 많이 부족한 사람이다. 이렇게 산다면 당신은 결코 행복해질 수 없다. 방어만 하지 말고 야생동물 같은 사람이 되도록 하라. 이 책에 나오는 모든 지식과 정보를 실전에 이용하도록 권유한다.

31 ~ 60 점

희망이 약간 보인다. 하지만 전략적인 차원에서 좀더 세련되어야 한다. 행복이 하늘에서 그저 떨어지지 않는다. 자신이 직접 획득해야 한다. 당신 자신을 좀더 신뢰하고 지금보다 더욱 전략적으로 행동하도록 하자. 항상 이 책을 지니고 다니면서 필요할 때마다 참고하면 좋을 것이다.

61 ~ 80 점

축하, 축하! 당신은 모빙의 대가이다. 어떻게 이 책도 읽지 않고 그렇게 될 수 있었는지 놀라울 뿐이다. 당신이라면 이 책을 쓰레기통에 던져버리거나 다른 사람에게 선물로 주어도 좋다. 단, 이 책을 받은 상대가 언제든지 당신을 모빙할 수 있다는 사실을 명심하라!

마지막 체크

지금까지 우리는 당신이 성공적으로 모빙할 수 있도록 여러 가지 전략과 충고, 그리고 행동지침을 설명했다. 이제 마지막으로 5대 기본 마인드를 제시하고자 한다.

또 우리는 당신의 주변에서 모빙 기술을 충분히 활용할 수 있는 조직을 찾아보라고 권유한다. 아마도 당신의 모빙 실력이 한층 더 깊어질 수 있을 것이다.

5대 기본 마인드는 다음과 같다.

☀ 모빙을 잘해야 확실하게 성공할 수 있다! 실패는 모빙을

잘못했거나, 모빙을 전혀 하지 않았기 때문에 일어나는
현상이다.

🏃 기본적으로 모빙은 모든 사람에게 이익이 된다!

🏃 갈등과 문제는 현명한 모빙을 통해서 해결할 수 있다!

🏃 모빙을 하지 않으면 결국 몸과 마음에 병이 오게 된다!

🏃 모빙을 사양하는 사람은 이 책을 읽지 않았거나 이해하지
못하는 사람이다!

 번역을 마치고

이 책은 알렉산더 피어(Alexander Vier)라는 익명의 이름으로 출판되었다. 독일어로 피어(Vier)는 4를 의미하며, 실제로 이 책을 쓴 지은이는 4명으로 구성되어 있다. 베르너 브룬스(Werner Bruns), 마르고트 하우스만(Margot Haussmann), 마르쿠스 밀러(Markus Müller), 호르스트 아우첸(Horst Autzen)이다. 모두 박사이고, 독일 바덴 뷔르텐베르크 주 재경부에서 고문을 맡고 있는 직장동료이며, 호르스트 아우첸은 대학교수이기도 하다.

정치사회학을 전공한 베르너 브룬스가 잡지 『체인지 엑스 Change X』와 나눈 인터뷰에 따르면, 이 4명은 수년간 같은 직장에서 일하며 서로를 모빙했고, 결국에는 누가 가해자이고 피해자인지 모르는 지경이 되었다고 한다.

예사롭지 않게도 이들은 자신의 경험을 바탕으로 모빙에 관한 책을 써보기로 의기투합했다고 한다. 그것도 유머와 농담을 섞어가며 살아 있는 생생한 책을 쓰기로……. 그 결과 우리는 재미있는 장기 베스트셀러이자 화제의 책을 읽을 수 있게 되었고, 4명의 지은이는 유명인사가 되었다.

이 책은 우리 스스로 쉽게 인정하지 못하고 있음에도 불구하고, 우리 모두는 늘 타인에게 모빙을 가하거나 혹은 당하고 있다는 사실을 낱낱이 보여주고 있다.

우리 사회에서도 '왕따'라는 말이 이미 일상화되어 있다. 특히 학교에서 일어나는 왕따는 언론에 자주 보도되는데, 사실 모빙은 학교뿐 아니라 직장과 가정 등 인간이 둘 이상 모인 곳이면 어디서든 일어난다.

간단하게 말하여, 모빙이란 누군가의 인격이나 마음에 상처를 입히고 괴롭히는 것을 의미한다. 만약 내가 그런 일을 당할 경우 어떻게 대처해야 할까? 베르너 브룬스에 의하면, 큰소리로 고함을 질러야 한다. 마치 우리가 길을 가다 소매치기를 당했을 때처럼 똑같이 행동해야 한다는 것이다. 그렇게 하지 않으면, 속수무책으로 계속 모빙을 당하고 몸과 마음에 상처를 입게 된다고 한다.

이 책은 전략적 모빙의 필요성과 11개의 전략을 상세하게 보여줄 뿐 아니라, 모빙의 대가들을 마치 '금주의 인기가요' 처럼 히트 퍼레이드로 소개하고 있다. 바로 이렇게 우스꽝스러운 유머의 배후에 이 책이 궁극적으로 전하고자 하는 메시지가 숨어 있다.

그러니까 선하게 열심히 사는 상대방을 무조건 괴롭히고 모빙을 가한다고 해서, 우리가 출세하고 행복해질 수 있다는 것이 아니다. 그보다는 모빙을 가하는 상대방의 행동양식과 위험성을 알려줌으로써, 우리가 모빙으로부터 심각한 피해를 입지 않고 건강하게 생활할 수 있도록 길을 제시해주는 것이다. 이것이 이 책의 궁극적인 목적이라고 여겨진다. 마치 전쟁을 반대하는 영화가 바로 전쟁을 소재로 다루듯이 말이다.

이기주의와 타인에 대한 배려는 우리가 시시각각 마주치게 되는 선택사항이다. 만약 우리가 지금보다 훨씬 덜 이기적으로 행동한다면, 모빙 기술 같은 것을 굳이 배울 필요도 없을 것이다. 하지만 우리 사회가 갈수록 경쟁을 부추기는 까닭에 그렇게 될 가능성은 아주 희박해 보인다.

그러니 이 책의 지은이들이 가르쳐주는 지혜와 전략을 익혀서, 믿는 도끼에 찍히는 발등의 쓰라림과, 치사하고 부당한 사장, 상사, 동료, 친구, 이웃, 시어머니, 며느리 등에게 억울하게 당하는 속상함을 줄여보자. 아마도 우리는 알코올과 진통제를 훨씬 적게 먹어도 될 것이며, 담배를 전보다 더 쉽게 끊을 수 있을 것이며, 잠도 더욱 편히 잘 수 있을 것이다.

평안하고 행복한 삶! 그것은 우리 모두의 간절한 소망이 아니었던가?

2004년 6월

이미옥

옮긴이 이미옥
경북대학교에서 독문학을 공부하고
독일 괴팅겐대학교에서 독문학 석사,
경북대학교에서 독문학 박사학위를 받았다.
중앙대학교에서 강의했으며, 지금은 전문번역가로 활동중.
장편소설『바람개비』를 출간하였고,
옮긴 책으로는『게임오버』『히틀러와 돈』『잠노마드 사회』
『시기심』『전형적인 미국인』『유혹하는 본능』『바보 같은 성 여자』
『우울의 늪에서 빠져나오는 법』『릴리스 콤플렉스』등이 있다.

모빙

기싸움, 힘겨루기,
세불리기, 승진을 위한 유쾌한 전략

펴낸날   2004 년 7 월 30 일 1 판 1 쇄
         2004 년 9 월 10 일 1 판 2 쇄

지은이   알렉산더 피어
옮긴이   이미옥

펴낸이   김혜숙
펴낸곳   도서출판 참솔
등록번호   제8 - 244호
주소   121 - 718 서울시 마포구 공덕동 404 풍림빌딩 521호
대표전화   3273 - 6323
팩시밀리   3273 - 6329
이메일   charmsoul@charmsoul.com

값   11,000 원
ISBN 89-88430-39-5 03320